Carl Schell

Die ganze Welt in meinem Garten

KOSMOS

Mit 151 Farbfotos vom Verfasser und 1 Zeichnung von seiner Frau Stella.

Umschlaggestaltung von Atelier Reichert, Stuttgart, unter Verwendung von einem Foto von Carl Schell

Die Deutsche Bibliothek –
CIP-Einheitsaufnahme
Ein Titelsatz für diese Publikation ist bei der Deutschen Bibliothek erhältlich

Gedruckt auf chlorfrei gebleichtem Papier

1. Auflage

ISBN 3-440-09158-9
Layout: eStudio Calamar, Pau, Spanien
Redaktion: Angelika Throll-Keller
Produktion: Ralf Paucke, Jung Medienpartner
Satz: Ralf Paucke
Reproduktion: Repro Schmid, Stuttgart
Druck und Bindung: Printer Trento s.r.l., Trento
Printed in Italy / Imprimé en Italie

Meiner Frau Stella in Liebe gewidmet.

Mein aufrichtiger Dank gilt Dr. M. Walder, Verscio, der mich in vielen wichtigen Fragen beraten hat und damit wesentlich zum Gelingen dieses Buches beitragen konnte.

Alle Angaben in diesem Buch sind sorgfältig geprüft und geben den neuesten Wissensstand bei der Veröffentlichung wieder. Da sich das Wissen aber laufend und in rascher Folge weiterentwickelt und vergrößert, muss jeder Anwender prüfen, ob die Angaben nicht durch neuere Erkenntnisse überholt sind. Dazu muss er zum Beispiel Beipackzettel lesen und genau befolgen, sowie Gebrauchsanweisungen und Gesetze beachten.

Bitte achten Sie auch darauf, dass die Pflanzen, die in diesem Buch beschrieben werden, zum großen Teil sehr wärmeliebend sind. Im Winter kann es daher durchaus passieren, dass eine der Pflanzen zu Schaden kommt oder sogar ganz erfriert. Die in diesem Buch gemachten Temperatur-Angaben beruhen auf Erfahrungswerten und können je nach Zustand der einzelnen Pflanzen unter Umständen erheblichen Abweichungen unterliegen. Es wird weder vom Autor noch vom Verlag eine Garantie übernommen, dass die Pflanzen bei den angegebenen Temperaturen in jedem Fall überstehen.

Inhalt

Vorwort 8

Geschichte meines Paradieses 10

Von 1971 bis heute 13

Vom Norden zum Süden 72

Von „Sibirien" nach „Amerika und Europa" 74

Von Italien bis zu den „Tropen" 84

Die Welt der Palmen 114

Lebensbedingungen der Palmen 116

Freilandpalmen für Deutschland 118

Palmen für Mitteleuropa 120

Andere südliche Pflanzen 136

Schlusswort 141

Register 142

Anmerkung der Redaktion: Für das Kapitel „Geschichte meines Paradieses" haben wir Bilder verwendet, die bereits das fertige Paradies von Herrn Schell zeigen. Carl Schell hat seinen Garten so schon als Vision während der gesamten Pflanz- und Entwicklungszeit gesehen.

Vorwort

„Grüß Gott, bitte kommen Sie herein . . .Sie sind die Leute, die kürzlich wegen des Gartens telefoniert haben?“ „Genau.“ „Natürlich ist es jetzt zu spät für eine richtige Führung, aber wir hatten ja dafür morgen früh, wenn alle ihre Mitglieder da sind, abgemacht. Oh – darf ich vorstellen, das ist meine Frau und das sind die Leute vom Vorstand der Orricola.
Ich würde vorschlagen, wir nehmen einen Willkommensdrink, um alles zu besprechen, und während meine Frau ihn vorbereitet, gehen wir auf unsere große Terrasse, von wo aus Sie den ganzen Garten überblicken können. Einverstanden? Okay, dann folgen Sie mir bitte: So da wären wir, und jetzt betrachten Sie mal dieses einzigartige Panorama. Wie bitte? Sie finden keine Worte. Das kann ich verstehen. Mir geht es auch immer wieder so. Man weiß gar nicht so recht, wohin man blicken soll. Das Ganze ist so überwältigend, dass es in seiner Schönheit geradezu verwirrend ist.
Lassen Sie mich Ihnen helfen: Schauen Sie mal zu Ihrer Linken, Richtung Norden. Sie sehen die verschneiten Gipfel der Alpen, die sich jetzt weißgolden in der gewaltigen Fläche des Lago Maggiore spiegeln. Davor sehen Sie schräg unterhalb von Ihnen einen märchenhaften Wald aus Fichten, Föhren, Lärchen, vermischt mit Laubbäumen, deren herbstliche Farben in diesem Licht so glutvoll leuchten, dass sie zu brennen scheinen. Sieht das Ganze in dieser Abendstimmung nicht wie ein riesiger überdimensionaler norwegischer Fjord aus? Edvard Grieg wäre bestimmt zu einer Sinfonie über Helvetia inspiriert worden – oder Vincent van Gogh hätte versucht, diese glühende Farbigkeit mit seiner Meisterhand für immer auf die Leinwand zu bannen.
Und jetzt, passen Sie auf: Schauen Sie gerade nach vorne – hier ist eine Engstelle des Sees –, direkt vis-a-vis von Ihnen liegt bereits das italienische Ufer. Haben Sie jetzt nicht das Gefühl, Tausende von Kilometern weiter südlich zu sein? Ist das nicht ein absoluter Kontrast zum wuchtigen Norden? Diese liebliche Landschaft mit ihrem schmucken Dörflein Pino sul Lago Maggiore könnte auch in Sizilien liegen oder in der Nähe von Florenz oder bei Venedig – che importa. Die schöne Barockkirche dominiert die paar Häuser, an deren Fenster die übliche Buntwäsche hängt. Goldoni läßt grüßen.
Da – auch Scampolo scheint über die Dorfstraße zu fliegen und hören Sie: Zwischen Wortfetzen von schreiender Publicità jammert ein Radio den endlosen Refrain: „Oh grande amore, oh grande amore...“ Ist das nicht das typische Italien von überall? „La bella Italia e la grande amore. Um dem Ganzen den würdigen Rahmen zu geben, hatte ich vor Jahren hier unterhalb Orangen, Zitronen, Oliven sowie Zypressen gepflanzt. E viva l'Italia.“
Aber jetzt kommt die ganz große Überraschung!
Schließen Sie für einen winzigen Moment die Augen und machen Sie eine halbe Kopfdrehung nach rechts, weiter südlich. So und jetzt bitte Augen auf: Da liegt sie – die große Bucht – direkt zu Ihren Füßen. Umgeben von einer weichen, hügeligen Landschaft, die wie

Inseln in den Antillen anmutet. Und davor: Die prachtvollen Silhouetten von Hunderten verschiedenen Palmen. Pst! Hören Sie, wie die Blätter im Wind rascheln? Könnte auch eine verträumte Lagune in der Südsee sein. Weit, weit weg – Karibik? Oder pazifischer Ozean? Tahiti – Bora Bora.
Unglaublich: Von der Abendstimmung des norwegischen Fjords über „la bella Italia“ bis zur palmenumsäumten Lagune war es nur eine kurze Kopfdrehung! Die eigentliche Distanz würde rund zehntausend Kilometer betragen. Und hier: Wenige Sekunden. Eine Kurzübersicht der „ganzen Welt in meinem Garten!“
So, und jetzt darf ich Sie bitten, mir zu unserer Bar zu folgen. Meine Frau hat bereits alles vorbereitet. Also auf Ihr Wohl! Ich freue mich auf morgen!“

Liebe Leserin, lieber Leser,

die oben beschriebene Begebenheit hat sich im Verlaufe der letzten Jahre so oder ähnlich unzählige Male abgespielt und, wenn ich sie etwas ausführlich geschildert habe, so vor allem um Ihnen einen Eindruck zu vermitteln, was die meisten unserer Besucher empfinden, wenn sie zum ersten Mal so unmittelbar den Garten und das dazu gehörende Panorama erblicken.
Ich glaube aber auch, daß Sie dadurch selbst gleich zu Beginn mit der wesentlichen Eigenart dieses Gartens konfrontiert wurden, der in Bezug auf Lage, Klima und Flora wohl einzigartig sein dürfte. Sinn und Sendung sollte es aber in erster Linie sein, Sie, liebe Gartenfreunde, zu animieren, etwas Ähnliches zu kreieren, wobei Ihnen meine langjährige Erfahrung bestimmt sehr behilflich sein dürfte und vor allem viel Zeit ersparen wird. Es ist heutzutage absolut möglich, fast in jeder Gegend von Deutschland – auch auf kleinem Grund und Boden – einen nord-südlichen Traumgarten zu schaffen, denn es gibt viel mehr südliche Pflanzen, die – mit entsprechender Pflege – auch in nördlichen Gebieten gedeihen können als bisher angenommen. Umgekehrt natürlich auch, aber das interessiert hier nur am Rande.
Ich habe mich jahrelang mit diesem Phänomen beschäftigt und werde Ihnen in diesem Buch davon erzählen sowie Anleitungen geben, die es Ihnen ermöglichen sollten, selbst entsprechende Pflanzen zu setzen und erfolgreich gedeihen zu lassen.
Nebenbei erlaube ich mir, auch philosophische Gedanken einzuflechten, denn während der meist einsamen Gartenarbeit sind sie stetiger Begleiter. „Die ganze Welt in meinem Garten“ beinhaltet nicht nur Pflanzen und Tiere, sondern natürlich auch Menschen der Gegenwart, Vergangenheit und Zukunft.

Ich wünsche ich Ihnen viel Freude bei der Lektüre.
Brissago im Herbst 2002, Ihr Carl Schell

Geschichte meines

Paradieses

Von 1971 bis heute

„Traumhaft!" „Phantastisch!" „Unglaublich!"
Wir standen auf einem Parkplatz, der wie eine Terrasse über den darunter liegenden Abhang gebaut war, und betrachteten das grandiose Panorama, welches sich vor unseren Augen ausbreitete und diese begeisterten Worte entlockt hatte.
„Wir", das waren meine Frau Stella und ich – seit kurzem verheiratet, jung und verliebt – das heißt, sie war jung, blutjung – und ich, na etliche Jahre älter, wirkte aber, sagen wir, „sehr jugendlich".
Jedoch verliebt waren wir beide: unsterblich, leidenschaftlich. Für eine Ewigkeit!
Bis heute hat diese Ewigkeit immerhin über dreißig Jahre gedauert; unsere Liebe ist noch nicht gestorben und bereitet sich weiterhin auf die Unsterblichkeit vor, und die Leidenschaft ist auch noch vorhanden, obwohl sie sich vielleicht etwas gemäßigt hat. Aber das hat natürliche Gründe – nur: Jetzt ist es meine Frau, die „sehr jugendlich" wirkt, während ich, leider immer noch „etliche Jahre älter" älter bin und die Zeit ist auch an mir nicht spurlos vorbeigegangen, aber wie ein „alternder Playboy" sehe ich nicht aus, wie ich es kürzlich auf irgendeiner Party gehört habe. (Ob die geschmacklose Bemerkung mir gegolten hatte, weiß ich nicht.) Allerdings sagen meine ausländischen Freunde immer seltener „You look very handsome", sondern eher „You look very healthy", was zwar auch höflich ist, aber nicht unbedingt das Gleiche bedeutet, weshalb ich es lieber nicht übersetze.
Wie dem auch sei: Es geht jetzt in erster Linie um die Geschichte unseres Paradieses und die begann vor über dreißig Jahren auf dem Parkplatz mit dem grandiosen Panorama, welcher sich nahe der italienischen Grenze am Schweizer Ufer des Lago Maggiore befand.

Blick von der Frühstücksterrasse Richtung Süden

Die Aussicht war wirklich einmalig

Unter uns breitete sich der See in seiner ganzen Pracht aus, links in der Ferne begrenzt durch die majestätischen Alpen, die sich entlang des Wassers langsam gegen Süden in sanfte Hügel verwandeln, hinter denen die lombardische Tiefebene mit der Hauptstadt Mailand liegt.
„Das wäre der ideale Platz für ein Haus", seufzte meine Frau und schaute mich mit ihren großen Augen fragend an. „Tja", meinte ich und seufzte ebenfalls. Etwas Besseres fiel mir nicht ein.
Es war tatsächlich unbegreiflich, warum noch niemand auf diese Idee gekommen war. Obwohl ich das Tessin gut kannte, war ich noch nie hier gewesen und war überrascht von der einzigartigen Schönheit dieses Fleckens Erde. Später erfuhr ich, dass die Seitenstraße, auf der wir hergefahren waren, relativ neu war und früher nur ein kleiner „Schmugglerpfad", der zur Grenze führte.
„Außerdem", meinte ich gedehnt, nachdem ich spürte, dass meine Frau eine Antwort erwartete „ein solches Haus würde ein Vermögen kosten, das wir leider momentan nicht haben." Die Idee, im Tessin zu wohnen, war uns vor wenigen Monaten gekommen, als wir zusammen eine Episode der 26-teiligen Fernsehserie „Butler Parker" in Arosa drehten. Es herrschte eine fürchterliche Kälte mit Temperaturen von über minus 25 Grad Celsius, so dass die Außenaufnahmen, die teilweise nur mit Badeanzug bekleidet auf einer Hotelterrasse spielen sollten, schlichtweg nicht realisiert werden konnten. Die Produktionsleitung beschloss deshalb ins naheliegende Tessin auszuweichen, wo ohnehin die nächste Episode dieser langen (und langatmigen) Geschichte geplant war. Dort herrschten auch über 25 Grad Celsius – aber plus! Es war traumhaft – alles in Blüte. Der Frühling in seiner ganzen Pracht! Unglaublich: 50 Grad Celsius Unterschied bei 90 km Luftlinie!
Die Kälte noch in den Knochen war Stella derart begeistert, dass sie den Wunsch äußerte, hier zu leben. Das

Traumhafte nördliche Stimmung, wie in einem riesigen Fjord

war Wasser auf meine Mühle. Ich hatte einen Teil meiner frühesten Jugend in Ascona verbracht, zu den Zeiten als noch Erich Maria Remarque, Otto Bachmann und viele andere, mit denen ich befreundet war, den Ruf dieses Künstlerdorfes begründeten, und war von der Mentalität dieser Menschen wie auch der Einheimischen fasziniert.

Hier stimmte alles

Vor allem die Freiheit sowohl in künstlerischer als auch in persönlicher Hinsicht.
Genie und einfacher Bauer – alle waren sie Freunde, respektierten und achteten sich gegenseitig. Kurz: Eine gelungene Mischung aus italienischer Lebendigkeit, französischem Charme und deutscher Gründlichkeit, wie sonst nirgends in der Schweiz – ja vielleicht in ganz Europa. Und es gab noch einen entscheidenden Vorteil: Das milde Klima rund um den Lago Maggiore, fast wie am Mittelmeer. Ich hatte vorher fünf Jahre in Brasilien gelebt und wohnte zum damaligen Zeitpunkt in Hollywood in Kalifornien und hatte die Kälte zu keinem Zeitpunkt vermisst.

Stella stammte aus München, aber sie hatte stets den Drang nach südlicher Wärme. Wir hatten uns bei Dreharbeiten kennen gelernt, als mir während eines kurzen Europaaufenthaltes die Hauptrolle in einem Fernsehfilm von Jürgen Roland mit dem beziehungsvollen Titel „Frau gesucht“ angeboten wurde. Stella war meine Partnerin und, als sie in der ersten Szene mit langen, nicht enden wollenden Beinen eine Treppe herunterschritt und schließlich noch ein traumhaftes Gesicht mit riesigen Augen folgte, wusste ich, dass die Frau, die ich offenbar unbewusst gesucht hatte, nun vor mir stand. Ihr ging es ähnlich. Wir „starrten“ uns an, unfähig unseren Text zu sagen. Die Szene musste mehrere Male wiederholt werden, was mir bis dahin und seither noch nie passiert war. Ihr übrigens auch nicht. Jedenfalls war sie kurz darauf meine Frau und ist es auch bis heute geblieben.
Klar, dass wir alles unternahmen, um auch die nächsten Arbeiten zusammen zu machen, wobei uns das Angebot für „Butler Parker“ natürlich gelegen kam. Zwei Jahre lang immer zusammen mit Filmarbeiten in fast allen Teilen Europas – was wollte man mehr?

Wir hatten eine kleine Wohnung in München erworben, worüber wir auch sehr glücklich waren. Aber die strengen Winter in Bayern würden uns zu schaffen machen. Da kamen die Dreharbeiten im Tessin gerade richtig und unser gemeinsamer Wunsch hier zu wohnen, wurde zum festen Bestandteil unserer jungen Ehe, um so mehr als wir zunächst noch in Holland, in Alkmaar und Amsterdam, arbeiteten, wo es aber auch bitter kalt war.
Den Sommer über hatten wir zwar frei, aber das junge Ehepaar war damals sehr gefragt und so waren wir Gäste bei Peter Frankenfeld in „Sie und Er im Kreuzverhör", machten einen Abstecher nach Hessen „Zum Blauen Bock" mit Heinz Schenk und Lia Wöhr, dann folgten noch einige „Talk-Shows" und schließlich mussten wir uns irgendwo ausruhen. Gott sei Dank gab es da einen wundervollen Ort in der Einsamkeit: Die „Alm" in Kärnten, ein Jagdbesitz aus der Familie meiner Mutter. Dort verbrachte ich einen großen Teil meiner Kindheit zusammen mit meinen Geschwistern Maria, Immy und Maximilian.
Hier in der Nähe wurde ich im Kreiskrankenhaus geboren und dort lernte ich die Natur kennen und bewundern. Wir wohnten zwar in Wien, wo wir auch zur Schule gingen, aber jeden Sommer fuhren wir auf „unsere Alm", die wir alle heiß liebten. Es war deshalb naheliegend, dass ich Stella hier heraus brachte. Außerdem wollte ich sie meiner Mutter vorstellen, und die beiden Frauen verstanden sich auf Anhieb.
Ich fühlte mich so glücklich, wie schon lange nicht mehr und besonders, als mir Stella eines Tages sagte, dass sie ein Kind von mir erwartete. Dies gab dem Wunsch nach einem gemütlichen Zuhause neuen Auftrieb, und wir beschlossen nun endlich ins Tessin zu fahren, nachdem uns zwischenzeitlich etliche interessante Objekte angeboten worden waren, die wir uns ansehen wollten. In einer Zeitung fanden wir eine Annonce: „Ferienwohnung in Brissago zu vermieten". Ich

Am Rande von „Arizona": *Agave americana, Brahea armata, Yucca elephantipes, Yucca gloriosa, Ficus carica* und andere

Richtung Süden: *Cycas revoluta*, Azaleen, *Beschornerias* aus Mexiko, Lorbeer und natürlich Palmen

Märchenhafte Stimmung über dem See

kannte zwar nur Ascona, wusste aber, dass Brissago nicht weit davon entfernt war, und einige Tage später befanden wir uns in einer „Casa Fortuna" – nomen est omen –, welche uns effektiv Glück bringen sollte. Die angebotenen Objekte waren teilweise wirklich interessant, aber entweder zu teuer oder preiswert, aber nicht schön. So beschlossen wir, beginnend an der Grenze in Brissago entlang der Küste alle kleinen Bergstraßen rauf- und runterzufahren und so lange zu suchen, bis wir etwas finden würden, das unseren Wünschen entsprach.

Auf diese Art und Weise landeten wir auf besagtem Parkplatz, dessen Panoramasicht uns derart begeisterte, dass meine Frau schließlich den Wunschtraum äußerte, hier ein Haus zu haben.

200 Stufen zum Glück

Ich war eben dabei zu antworten, dass uns dies „ein Vermögen kosten würde, welches wir momentan nicht haben", als ich neben dem Parkplatz ein verwittertes Schild entdeckte, auf dem stand: „Da vendere" und ein Pfeil zeigte nach unten, Richtung See, wo sich grobe Steinstufen im Dickicht verloren. „Das darf nicht wahr sein", unterbrach ich mich selbst und deutete auf das Schild, „du, irgendetwas ist da zu verkaufen." „Tatsächlich?", sie blickte mich mit ihren großen Augen ungläubig an.

„Da steht's." Ich ging näher an die Tafel heran und entdeckte den Namen einer Asconer Immobilienagentur, den ich mir gleich notierte. Dann blickten wir suchend nach unten, sahen aber nur endlose Brombeerstauden und Kastaniengewächse – ein richtiges Dickicht. Die Abenteuerlust meiner Kindheit hatte mich erfaßt. Plötzlich entdeckte ich – ziemlich tief unten – ein kleines Flachdachgebäude, das aus der Vegetation herausragte. Meine Phantasie spielte mit – ein verwunschenes Schloß – Dornröschen? Ich musste lachen.

„Was ist denn so komisch?", fragte meine Frau verwundert. „Nichts, nur schau mal dort unten, siehst du das Dach?" Sie verneinte. Aber nach einigen Gesten meinerseits in die entsprechende Richtung hatte auch sie das „Objekt geortet". „Sieht aber aus wie ein Wasserreservoir." „Ich geh' mal nachsehen", meinte ich männlich mutig. „Kommst du mit?" „Nein, ich bin doch nicht verrückt. Außerdem...", sie deutete auf ihre Stöckelschuhe, „schaffe ich das so nicht!" „Gut, dann geh ich allein – okay?" Sie nickte und setzte sich in unser Auto. „Ich warte."

Ich ging ein paar Stufen runter und befand mich kurz darauf in dem Dickicht, durch das ich mich langsam weiter kämpfte. Das Brombeergestrüpp streckte seine scharfen, spitzen Dornen nach mir aus, hakte sich an den Kleidern fest. Von Aussicht keine Spur mehr. Ich musste mich an einem morschen Geländer halten, um nicht die steilen Treppen hinunter zu fliegen, die sich in Windungen durch das Gebüsch schlangen.

Nachdem ich über 200 Stufen gezählt hatte, kam ich an einen Weg, der flach und unvermittelt zu einer massiven Holztür leitete, die aber verschlossen war. So ging ich weiter, um ein kleines Gebäude herum und kam auf eine Terrasse. Und dann sah ich sie...: Nicht etwa Dornröschen oder eine Fee. Nein: Eine der schönsten Aussichten, die ich je gesehen hatte, obwohl ich in vielen Ländern dieser Erde war. Es störte mich nicht, dass zahlreiche Brombeerspitzen über die Terrasse die Wände des Hauses hinaufkletterten, dass Unkraut zwischen den Steinplatten wucherte. Der See erweckte von hier aus den Eindruck viel größer zu sein, erstreckte sich weit nach Italien hinein und wirkte wie eine Meeresbucht, die sich im unendlichen Wasser verliert.

Unerklärliche Freude erfüllte mich

Ich fand es immer bedauerlich, dass die alten Helvetier sich nicht bis zu den Gestaden des Mittelmeeres vorgekämpft hatten. Jedoch diese Aussicht entschädigte mich für die vermeintlichen Fehler meiner Vorfahren. Sie war perfekt. Ich träumte vor mich hin – hatte eine Illusion, glaubte plötzlich irgendwo in der Südsee zu sein.

Die Kastanien verwandelten sich in unzählige Palmen, das Brombeergestrüpp in eine endlose Blütenpracht tropischer Pflanzen. Die Ruhe war unglaublich, erfasste meinen ganzen Körper, meine Sinne und schmiegte sich an mein Herz. Eine Insel der Stille. Und das mitten in Europa.

Ich blickte umher. Weder die Straße war zu sehen, noch irgendein Haus, außer vielleicht am gegenüber liegenden Seeufer. Aber das musste bereits in Italien liegen. Ich schloss die Augen, atmete tief ein. Der Duft des Frühlings strömte in mein Inneres, obwohl es längst Sommer war. Alles vereinigte sich zu einem harmonischen Frieden, der mich mit unerklärlicher Freude erfüllte. Wie lange ich so da stand, weiß ich nicht. Zeit und Raum, Südsee und europäischer Frühling, alles vermischte sich in meinem Inneren, und ich sog es in mich hinein. Plötzlich schreckte ich auf – es kam mir in den Sinn, dass meine Frau oben im Auto wartete.

Noch benommen von der Illusion, trat ich wieder in die Realität. Ich inspizierte das Haus, soweit dies von außen möglich war. Es schien in gutem Zustand zu sein, war aber unfertig. Unten war ein nicht ausgebauter Kellerraum, oben wahrscheinlich zwei oder drei Zimmer, von hier aus nicht zu sehen. Das Haus schien in den Fels hinein gebaut zu sein, vorne stand es auf Pfeilern. Aber das Wichtigste: Die Lage, sie war einfach einmalig!

Ich spürte ganz fest, dass ich die eben gehabte Illusion würde verwirklichen können.

Etwas Schöneres zu finden, schien mir unmöglich. Das sagte ich auch zu Stella, als ich mit etlichen Schwierigkeiten im „Schnellzugtempo" die vielen Stufen nach oben gehastet war und ihr keuchend alles erzählte und schließlich mit den Worten endete: „Es ist alles noch viel, viel schöner, als von hier oben. Ich weiß, es klingt unglaublich, aber du musst es selber sehen."

Natürlich war sie neugierig, sehr neugierig, zog ihre Stöckelschuhe aus und ein paar alte Latschen an, die wir zum Glück noch im Kofferraum fanden, und dann begann die Klettertour von Neuem. Als wir endlich unten ankamen, war Stella völlig perplex und konnte ihren Augen nicht trauen. „Du hast tatsächlich nicht übertrieben, es ist wie im Paradies." Wir umarmten uns innig: „Das wäre es."

Die Sonnenstrahlen schmiegten sich an uns, erfüllten uns mit wohltuender Wärme. Hunderte von Vöglein zwitscherten vergnügt, als ob sie uns auffordern wollten zu bleiben. Wir setzten uns auf den Boden der Terrasse und schmiedeten Zukunftspläne, obwohl wir gar nicht wussten, ob wir das Haus überhaupt erwerben können würden. Über uns summten Hummeln und Bienen. Ein Schmetterling flatterte vorbei. Tiefer Frieden erfüllte uns. Lange blieben wir in dieser traumhaften Einsamkeit. Schließlich wurde es kühler, und wir eilten beschwingt und glücklich die Treppen hinauf, wobei uns jetzt die Strecke viel kürzer und wesentlich leichter vorkam.

Der Himmel scheint zu glühen – Palme im Abendrot

„Ich glaube, es ist schon verkauft"

Nochmals verglich ich Namen und Adresse der Immobilienfirma, und dann fuhren wir in unsere Ferienwohnung. Nach einer ziemlich schlaflosen Nacht riefen wir gleich frühmorgens an. Eine Dame war am Apparat: „Ich glaube, das Häuschen ist schon verkauft – warten Sie mal. Ich muss mit dem Besitzer reden."

Wir warteten, nervös und ungeduldig, alle Träume schienen zu zerrinnen. Endlich die Dame an der Leitung: „Sind Sie noch da?" Natürlich waren wir da und zwar wie auf Nadeln. Ich antwortete gedehnt und etwas heiser: „Jaaa." „Ich kann den Besitzer nicht erreichen; er wohnt in der Westschweiz und ist für ein paar Tage verreist. Moment mal."

Unsere Stimmung war auf dem Nullpunkt. Dann tönte es wieder aus dem Telefon: „...aber wenn Sie wollen, können Sie bei mir die Schlüssel holen und sich das Objekt mal ansehen. Ich habe momentan keine Zeit, es Ihnen zu zeigen. Außerdem die vielen Stufen..." Weiter kam sie nicht. Ich unterbrach sie aufgeregt: „Schon gut, wir kommen vorbei. Wo kann ich Sie finden?" Die Dame erklärte etwas umständlich den Weg, und ich schrieb ihn auf einen Zettel.

„Okay", sagte ich schließlich. „Wir kommen noch diesen Vormittag." Erleichtert legte ich den Hörer auf und schaute mit zuversichtlicher Miene meine Frau an. Sie hatte alles mitbekommen, war aber eher pessimistischer und meinte schließlich: „Tja, wenn es doch bereits verkauft ist, hat es keinen Sinn eine Besichtigung zu machen. Das würde uns nur weh tun."

„Moment", unterbrach ich Stella. „Sie hat doch gesagt, sie glaube, das Häuschen sei schon verkauft. Also war sie nicht sicher. Das gibt uns immerhin eine Chance. Und was den Besitzer betrifft, so werde ich ihm, falls nötig, ein besseres Angebot machen oder irgend etwas wird mir schon einfallen. Jetzt, wo wir endlich unser Traumhaus gefunden haben, muss man eben auch alles dafür tun, was möglich ist," meinte ich kampfeslustig.

Stella musste lachen, aber meinte dann: „Na ja, nimmt mich schon Wunder, wie es innen aussieht." „Mich auch!", bestätigte ich. Wir fuhren also an die angegebene Adresse in Ascona, wo uns eine hübsche Dame mittleren Alters empfing: „Die Herrschaften aus Brissago? Sie kommen wegen des Häuschens mit den vielen Stufen?"

Ich nickte wieder, kam aber erneut nicht zum Sprechen. Die Dame fuhr fort: „Ich weiß, die Aussicht ist wunderschön, aber die meisten Leute überlegen es sich anders, wenn sie wieder heraufgekommen sind. Aber Sie scheinen da ja mehr Ausdauer zu haben." Diesmal nickte ich nicht mehr, sondern schaute meine Frau an, die aber auffallend interessiert in einem Prospekt blätterte.

Eine kleine Pause entstand; die Dame schritt zu einem Regal und händigte mir einen Schlüssel aus. Mitkommen wollte sie nicht. Auch für sie waren es offensichtlich zu viele Stufen. Sie erzählte uns, dass der Westschweizer, dem das Gelände gehörte, vor einigen Jahren spekulativ Terrassenhäuser anlegen wollte. Warum er zuunterst angefangen hatte zu bauen, war ihr ein Rätsel. Scheinbar waren ihm die Moneten ausgegangen, zu unserem Glück, denn sonst hätten wir diese einzigartige und einsame Lage des Hauses nie entdeckt.

Im Norden der schweizerische Teil, im Süden der italienische

Kurz darauf waren wieder auf „unserem" Parkplatz. Diesmal war meine Frau sportlich angezogen und hatte das richtige Schuhwerk dabei. Gott sei Dank – war sie nicht nur eine zärtliche Liebhaberin, sondern auch ein richtiger Kumpel und für jede Verrücktheit zu haben.

Natürlich hatte sie sich auch die Schwierigkeiten des Zuganges für Einkäufe und dergleichen überlegt, aber die paradiesische Schönheit des Platzes war auch für sie wesentlicher.

Wir kämpften uns also erneut durch das Dickicht nach unten und erreichten schließlich die Eingangstür. Wir zögerten einen Moment, dann schloss ich sachte auf. Vor uns waren die Umrisse eines größeren Raumes, der im Halbdunkel lag. Nur einige Sonnenstrahlen blinzelten durch die geschlossenen Rolläden, die wir aber schnell hochgezogen hatten. Nun dominierte eine breite Fensterfront das Innere und verband es mit außen, und dann lag es wieder vor uns, dieses großartige, einmalige Panorama – nur noch näher, noch schöner, noch gewaltiger – im flutenden Licht des jungen Tages.

Wir waren überwältigt. Der See war fast völlig überblickbar. Im Norden der schweizerische Teil und im

Süden der italienische. Es war, als ob man sich auf einem exterritorialen Gebiet befinden würde, das mit der übrigen Welt nichts zu tun hatte.

Endlose Verhandlungen

Die Faszination hielt uns lange gefangen, bis wir wieder real denken und empfinden konnten.

Obwohl das Haus vor längerer Zeit gebaut und seither unbewohnt war, überraschte uns der erstaunlich gute und saubere Zustand. Links war ein kleiner Gang, der mit zwei kleineren, aber ebenfalls gut erhaltenen Zimmern verband, welche die gleiche atemberaubende Aussicht hatten, und am Ende dieses Ganges lag ein Badezimmer mit Toilette, leicht verstaubt, aber offensichtlich neu.

Rechts führte eine Glastür zur Terrasse und daneben war eine Küche, von der man sowohl nach innen als auch nach außen gelangen konnte. Gerade genügend Räumlichkeiten für ein Ehepaar und den ersten Nachwuchs. „Ich werde alles tun, um mit dem Besitzer erfolgreich zu verhandeln. Du wirst sehen, es klappt bestimmt.“ Stella teilte meine Zuversicht nicht ganz, aber wie meist ließ sie sich von meinem Optimismus anstecken. Zum Glück konnte ich fließend Französisch und war überzeugt, für den westschweizer „Spekulanten“ die richtigen Argumente zu finden.

Das sollte sich schließlich als richtig herausstellen, aber es gab endlose und schwierige Verhandlungen, bis es uns tatsächlich gelang, im Sommer 1971 unser Traumhaus zu erwerben. Wir waren überglücklich!

Allerdings begann erst jetzt die eigentliche Arbeit. Wie ich bereits erwähnte, hatte ich damals meinen Wohnsitz in Kalifornien, auf den ich nicht einfach verzichten konnte, umso mehr als ich verpflichtet war, mindestens einmal pro Jahr einige Zeit in den USA zu verbringen, damit ich meine Aufenthaltsbewilligung nicht verlöre.

Außerdem hatte ich gar keine Lust dazu, denn ich war ein recht erfolgreicher Schauspieler und wirkte in vielen Hollywood-Filmen und Fernsehserien mit. Das hielt mich aber nicht davon ab, auch international tätig zu sein, weshalb ich ebenfalls oft in Europa arbeitete.

Farbensymphonie rund um eine Hanfpalme, *Trachycarpus fortunei*

Als ich dann bei einer solchen Gelegenheit Stella kennen lernte und kurz darauf heiratete, wollten wir natürlich in erster Linie in Zukunft zusammen arbeiten, was Etliches an der Situation änderte. Meinen amerikanischen Wohnsitz aufzugeben wäre wegen der strengen Einwanderungsbestimmungen absurd gewesen. Ich hatte aber noch ein kleines Appartement in Bern, weil meine Mutter in dieser Stadt wohnte. So beschlossen wir zunächst mal die wichtigsten Einrichtungsgegenstände von dort zu holen.

Ein Monat voller Verrücktheiten

Wir fuhren fast täglich zwischen Bern und Brissago hin und her, brachten das Notwendigste in einem großen Mietwagen, machten zwischendurch endlose Einkäufe und schleppten die Sachen zu unserem „Traumhaus" hinunter, wobei ich gleichzeitig den Weg rodete.
Am schwierigsten war das Tragen der Möbel über die vielen Stufen und Windungen und, obwohl wir einige Arbeiter engagiert hatten, die uns halfen, so ging niemand mit leeren Händen. Es gab einfach zu viele Sachen. Sogar meine Mutter spielte freudestrahlend einen Lastesel. Auch meine Kinder aus erster Ehe „kletterten" schwer bepackt unzählige Male durch die Gegend – wie Ameisen.
Der Höhepunkt war der Transport eines Flügels, den vier riesige muskulöse Männer mit Ledertragriemen bewältigten, wozu sie allerdings etliche Stunden benötigten und anschließend mein ganzes Bierdepot, welches ich mit viel Kraftverlust, Liebe und Schweiß während einer Woche angelegt hatte, leer tranken.
Das sind alles Dinge, an die wir nicht gedacht hatten, als die Immobiliendame uns „liebenswürdig" mahnte: „Die meisten Leute überlegen es sich anders, wenn sie wieder heraufgekommen sind." Die wenigen Außenstehenden, die in diese Gegend kamen, müssen uns für verrückt gehalten haben: Eine endlose Kolonne von Männern, Frauen, Kindern – rauf und runter. Nachts wurde auf dem Boden geschlafen wie in einem Massenlager. Man glaubt nicht, was man für einen einfachen Haushalt alles benötigt – vor allem, wenn man dazu 200 + 200, also vierhundert Stufen wandern muss.

Farbensymphonie rund um eine Dattelpalme, *Phoenix dactylifera*

Nach zwei Wochen hatte sich die Situation einigermaßen beruhigt und die „Wandervögel“ bestanden nur noch aus zwei Personen – meiner Frau und mir. Langsam gewöhnten wir uns an die vielen Stufen, wenn wir einkaufen gingen, denn jedes Mal, wenn wir unten angekommen waren, fühlten wir uns im Paradies! Die himmlische Ruhe – die einmalige Aussicht – einfach geschaffen für ein Liebespaar.
Ende August hatten wir uns endlich so eingerichtet, dass man darin hätte wohnen können, wenn die bestellten Betten eingetroffen wären, was aber nicht der Fall war, weshalb wir uns weiterhin mit dem Boden zum Schlafen begnügen mussten. Außerdem hatten wir ja wieder unsere beruflichen Verpflichtungen, die uns zunächst nach Paris führten, wo eine weitere Folge von „Butler Parker“ gedreht wurde. Nach einiger Zeit machte sich allerdings das Kind, welches Stella unter dem Herzen trug, immer öfter bemerkbar und ihr Zustand behinderte die Dreharbeiten immer mehr, so dass die Frage auftauchte, wie es weitergehen sollte. Schließlich einigten wir uns mit der Produktion, dass die Rolle meiner Frau vorläufig von ihrer Kollegin Gaby Dohm übernommen wurde, während ich selbst natürlich nach wie vor drehen musste.
Dadurch konnte Stella zu ihren Eltern nach München fahren und dort auch das Kind zur Welt bringen. Die Trennung war zwar besonders schwer, aber der liebe Gott spielte mit, das heißt, er spielte die Hauptrolle und das ausgezeichnet. So schenkte Stella Ende Dezember unserem Marco, einem gesunden Knaben, das Leben, bei dessen Geburt ich dabei sein konnte. Und wir waren restlos glücklich.

Am Anfang war die Tat (Legen der Steinplatten für die ersten Wege vor vielen Jahren).

Im Januar wurden zunächst die Innenaufnahmen beim SWF in Baden-Baden gedreht, so dass wir das Kind mitnehmen konnten. Wir mieteten ein Appartement und kümmerten uns abwechselnd um das Baby, wobei ich natürlich Erfahrungen im Fläschchen geben, Windeln wechseln, Popo putzen und was sonst alles dazugehört, sammeln konnte und oft auch allein praktizierte.
Natürlich wurde alles in der Boulevard-Presse breit getreten, da wir damals sehr im Rampenlicht standen. Aber das gehörte nun mal zu unserem Beruf, und ich fühlte mich keineswegs in irgendeiner meiner „Würden“ beeinträchtigt.
Warum ich das so ausführlich beschreibe? Weil es auch zur Geschichte des Tessiner Paradieses gehört. All diese vielen beruflichen Verpflichtungen und langen Abwesenheiten, wo unser Haus und das Grundstück weiterhin alleine vor sich hindösten und auf die Verwirklichung unserer Illusionen warteten.

Endlich, Ende März 1972 war es so weit!

Fast ein Jahr nach dem Kauf! Wir hatten ein paar Wochen frei und fuhren nach Brissago. Es war Frühling, das Panorama unverändert und Tausende von wilden Blüten erzeugten einen berauschenden Duft. Diesmal jedoch hatten wir keine Zeit zum Träumen. Während sich Stella in erster Linie um Kind und Haus kümmerte, schuftete ich wie ein Besessener im Garten. Das war gar nicht so einfach, denn es fehlte praktisch alles, besonders das Arbeitsmaterial. Es würde noch lange dauern, bis das Allernötigste da sein würde – und das bei den über 200 Stufen!
Mit einem Buschmesser, das ich von Brasilien als Andenken mitgenommen hatte, ging ich zunächst den vielen Brombeerstauden an den Hals. Das nützte aber gar nichts, denn – wie bei einer Hydra – kaum hatte ich etwas abgeschlagen, wuchs schon wieder ein neuer Trieb nach. Es war mir klar, hier konnte man nur Erfolg haben, wenn man alles mit den Wurzeln radikal ausgrub. Ein schier endloses Unterfangen. Wo sollte wir

Zauber der Dämmerung

anfangen und wo weiter graben? Das Buschmesser ebnete wenigstens einen Pfad. Aber nun brauchte ich Schaufel, Pickel, Spaten und was sonst noch nötig war, bevor dieser Pfad wieder verwachsen war. Ich fuhr, besorgte das nötigste Werkzeug und brachte für Stella das Wichtigste zum Essen mit. Das Ganze dauerte inklusive Schlepperei einige Stunden. Stella war die ganze Zeit mit Putzen und Aufräumen beschäftigt, wobei natürlich fast alle Reinigungsmittel fehlten, was erneut 200 x 2 für den nächsten Tag bedeutete.

Trotzdem fielen wir uns in die Arme und stießen mit einem Tessiner Rotwein, den ich am Nachmittag gekauft hatte, auf unseren wirklich ersten Abend im neuen Heim an. Draußen war eine prachtvolle Nacht. Millionen von Sternen funkelten am Himmel, die sich im See spiegelten. Es war im wahrsten Sinn des Wortes „überirdisch“. Trotzdem spürten wir beide bald eine große Müdigkeit. Die vielen Anstrengungen des Tages forderten ihren Tribut und Stella bereitete das erste Nachtlager in unserem Haus vor. Romantisch kuschelten wir uns aneinander und waren kurz darauf eingeschlafen.

Es dauerte nicht lange, bis wir wieder geweckt wurden, weil das Baby Hunger und andere Bedürfnisse hatte.

Wege zum Lustwandeln mit einem einmaligen Panorama

Vor 30 Jahren ... die ersten Wege und Stufen rund ums Haus... Bäume fällen! Die Mutter Stellas mit Marco

Vor ca. 30 Jahren „Der Bungalow“ kurz nach seiner „Entdeckung“. Davor ein erster mickriger Versuch, eine Palme zu pflanzen.

Stella schreckte hoch, kümmerte sich um das Kind und legte sich todmüde wieder an meine Seite.

Nach einer guten Stunde wiederholte sich die Geschichte, nur dass ich diesmal aufstand und nach dem Kleinen sah. Der lächelte mich vergnügt an, als ich an seine Holzwiege trat, die wir in Bayern erstanden hatten. Offensichtlich wollte er spielen. Kein Wunder, er war ja nicht müde. Im Gegenteil, er hatte sich ja am Nachmittag genügend ausgeruht. Ich machte ein paar schlaftrunkene Versuche, die ihm aber offensichtlich missfielen, denn jetzt fing er bedrohlich an zu schreien. Natürlich ließ ich mich erpressen und nahm ihn sofort in die Arme, damit meine Frau nicht aufgeweckt werden würde. Nach über einer Stunde hatte ich das triumphale Gefühl „gesiegt zu haben“, denn er machte ein Nickerchen. Sachte legte ich ihn in die Wiege zurück und schlich an die Seite meiner Frau.

Kaum hatte ich das Licht ausgemacht, ging's von vorne los! Diesmal stand Stella auf, machte die gleiche Prozedur, während ich so tat, als ob ich schlafen würde. Um Ihnen Einzelheiten zu ersparen, möchte ich nur erwähnen, dass sich das Ganze mehrere Male wiederholte, wobei wir uns im Betreuen abwechselten, mit dem Resultat, dass wir uns am Morgen völlig zerschlagen fühlten, unser Baby jedoch jetzt friedlich schlief. Es war ungefähr 6 Uhr.

Die Sonne erschien wie ein riesiger Feuerball im Osten und warf ihre Strahlen über den See, die sich millionenfach spiegelten und eine glitzernde Straße bildeten, so dass es aussah, als wäre alles mit unzähligen Diamanten übersät. Während Stella gähnend in die Küche tappte, öffnete ich die Türe zum Balkon. Tausende von Vögeln zwitscherten mir entgegen. Ein leichter Wind strich sanft durch meine Haare und raschelte an den Zweigen der Bäume. Die ganze Umgebung war wach. An Schlaf war nicht mehr zu denken, besonders wenn ich überlegte, was heute alles zu tun war.

Ich stellte ein kleines Tischchen und zwei Stühle nach draußen und Stella brachte ein paar Brötchen und zwei herrlich duftende Tassen Kaffee. Alles war improvisiert, aber wir fühlten uns trotz der Müdigkeit grandios. Das erste Frühstück im eigenen Heim! Lange konnten wir es allerdings nicht genießen, denn die Liste der Dinge, die ich besorgen sollte, schien mir endlos. So „wanderte“ ich kurz darauf nach oben und fuhr ins naheliegende Locarno, während Stella mit dem Kind und Haushaltsarbeiten weiterhin mehr als genügend zu tun hatte. Inzwischen eilte ich von Geschäft zu Geschäft und bald war das Auto überfüllt mit Dingen, die alle „dringend nötig“ waren, wobei das Heruntertragen allein einen weiteren Nachmittag verschlingen würde.

Bei dieser Tätigkeit dachte ich wehmütig an die Warnung der Dame im Immobilienbüro, wurde aber gleich wütend auf mich selbst. Ich hatte es ja so gewollt und Stella hatte mir zuliebe mitgemacht. Also haute ich mir selbst eine Ohrfeige herunter, wobei ich mir zuknurrte:

„Feigling, so schnell jammert man nicht!" Gleichzeitig genierte ich mich wegen meiner Selbstjustiz und schaute vorsichtig um mich. Aber natürlich konnte mich niemand in diesem Dickicht sehen.
Immerhin wurde die Stimmung besser, und ich beschwörte mein Inneres: „Wir müssen es schaffen!" „Wir wollen es schaffen und verd... noch mal, wir werden es schaffen!" Also deklamierte ich für mich selber den uralten Spruch:

Ich will, das Wort ist mächtig,
spricht´s einer ernst und still.
Die Sterne reißt's vom Himmel,
das eine Wort „Ich will."

Ich fühlte mich zwar nicht euphorisch, aber wesentlich besser, so dass ich wenigstens eine fröhliche Miene aufsetzen konnte, nachdem alles heruntergetragen und – soweit möglich – an seinem Platz war.
Stella hatte wiederum ein köstliches Nachtessen improvisiert und wir genossen den friedlichen Abend erneut mit einem Glas Rotwein auf der Terrasse. Die zweite Nacht spielte sich fast identisch ab wie die erste. Müdigkeit, Einschlafen, Babygeschrei, abwechselndes Beruhigen, Übermüdung, Frühstück, enttäuschte Mienen und dann unbändige Freude!
Wir fielen uns wieder in die Arme. Wir waren doch in unserem Paradies – und das liebten wir. Aber vor allem: Wir liebten uns!

Roden, roden, roden

Rom wurde ja bekanntlich auch nicht an einem Tag erbaut. Also stach ich weiterhin zahllose Brombeerwurzeln aus, fällte zwischendurch wildwuchernde Bäume und zersägte sie (von Hand wohl gemerkt, sorry no machine, gab's für uns noch nicht). Ich hackte mit dem Spaten provisorische Pfade in den Steilhang, um wenigstens vorwärtszukommen.
Ich schwitzte, rodete, rodete und schwitzte, den ganzen Tag, fast ohne Unterbrechung, mal ein Bier und ein Stück Salami, aber meistens nur Wasser, Wasser, Wasser. Trotz allem: Die Freude dominierte, die Freude des Schaffens, des Kreierens, des Bezwingens. Aber auch die Abenteuerlust, die mich mein ganzes vorheriges Leben geprägt hatte, hier verspürte ich sie, wie nie zuvor: „Hier bin ich Mensch, hier darf ich's sein."
Die nächsten Tage und Nächte verliefen in ähnlichem

Ein herrlicher Kontrast: *Butia capitata* und *Acer palmatum*

Rhythmus, wobei aber die Freude merkwürdigerweise eher zunahm, so dass wir trotz mancher Rückschläge mit einer tiefen Zufriedenheit erfüllt wurden, die wir vorher nie verspürt hatten.
Nach einigen Tagen waren wieder Einkäufe fällig, aber diesmal „kletterte" ich frohgemut den „Berg" hinauf, weil ich auch einige Gärtnereien „beschnuppern" wollte, um vielleicht ein paar erste Pflänzchen für die nähere Umgebung des Hauses zu besorgen. Stella liebt Blumen und so dachte ich in erster Linie an Azaleen und Rhododendren, aber in meinem Hinterkopf meldete sich auch übermächtig die Vision von den Palmen.

Meine ersten Palmen

Im Tessin gab es zu dieser Zeit – mit wenigen Ausnahmen – nur die chinesischen Hanfpalmen „*Trachycarpus fortunei*", die sehr winterhart sind und sich in der Südschweiz im Laufe der Jahre recht gut akklimatisiert hatten, weshalb sie noch heute in allen milderen Orten

Blick von der südlichen Ecke der „California-Terrasse" ins Wasser mit sich spiegelnder Sonne, umrahmt von Palmen, Blumen, *Cycas*

„Schnee", Gott sei Dank nur alle paar Jahre. Vielleicht eine Beruhigung für meine nördlichen Freunde (dass auch wir manchmal dieses Problem haben)

Europas fälschlicherweise als „Tessiner Palmen" gehandelt werden.

Das spielte allerdings damals für mich keine wichtige Rolle. Für mich war – wie für die meisten Menschen – eine Palme, ungeachtet ihrer Herkunft, ganz einfach der Inbegriff des Tropischen und gab jedem Garten sofort eine südliche Wirkung. Eine Meinung, die ich übrigens auch noch heute vertrete. So suchte ich also mit viel Liebe unsere ersten Pflänzchen aus, darunter natürlich auch einige Palmen, die allerdings recht klein waren. Aber es gab keine anderen, außer ganz großen Exemplaren, die aber angesichts der unverschämt hohen Preise und auch wegen der vielen Stufen für uns vorläufig nicht in Frage kamen.

Trotzdem war ich restlos glücklich! Man denke: Die ersten Schritte auf dem Weg zur Verwirklichung meines Traumes! Stolz zeigte ich Stella meine Schätze, als ich gegen Mittag keuchend in unserem Heim angelangt war, wo mich außer einem kräftigen Babygeschrei wiederum ein hübsch gedeckter Tisch erwartete.

Wie angenommen freute sie sich in erster Linie an den blühenden Pflanzen, fand die Pälmchen etwas „mickrig", was ich bestätigen musste. Trotzdem konnte ich kaum etwas essen, denn ich war zu aufgeregt. Gleich nach der Mahlzeit sollte mit dem Setzen begonnen werden. Wieder eine Premiere: Die ersten exotischen Pflanzen auf unserem Grundstück.

Allerdings gestaltete sich auch das – wie fast alles – viel komplizierter als vorher angenommen. Der Boden war noch voller Unkraut und – abgesehen davon, dass er noch nie bearbeitet worden war – wegen einer längeren Trockenzeit hart wie Stein. So wollte es mir kaum gelingen, mit dem wenigen Werkzeug, das ich zur Verfügung hatte, entsprechend tiefe Löcher zu machen, um die Setzlinge samt Topferde hineinzukriegen, und wenn es endlich mal klappte, dann sah man überhaupt nichts mehr von der ganzen Herrlichkeit.

Das umgebende Unkraut war einfach viel zu hoch.

Wiederum schuftete ich den ganzen Nachmittag und endlich zeigte sich die geringe Andeutung eines Erfolges. Nachdem es mir mit großer Anstrengung gelungen war, ein zusammenhängendes Stück Erde umzugraben, konnte ich schließlich Azaleen, Rhododendron und die Pälmchen notdürftig darin einpflanzen. Obwohl ich wusste, dass dies nur provisorisch sein konnte, und –

Ein australischer Baumfarn, *Dicksonia antarctica*, öffnet sich dem Licht.

ehrlich gesagt – jämmerlich aussah, fand ich es wunderbar. Ich legte mich seitwärts auf den Terrassenboden und lugte schräg gegen den Horizont, wobei ich mir einbildete, die Silhouette einer winzigen Palme ausmachen zu können.

Ich war selig, glaubte, der allererste Anfang wäre damit geschafft.

Meine Frau schüttelte allerdings nur mitleidig den Kopf, als ich ihr mein Werk zeigte und unser Baby in ihren Armen schrie wieder einmal – ob aus Missbilligung oder Freude konnte ich nicht ausmachen. Jedenfalls wurde anschließend nur über Belangloses gesprochen, wahrscheinlich wollte man nicht taktlos sein. Immerhin, es war ein Beginn, wenn auch ein peinlicher, so doch ein Beginn.

Das Innen-Schwimmbad

Trotzdem war mir nicht wohl bei der Sache. Nachts wälzte ich mich im Bett und überlegte, wie es weitergehen sollte. Meine ursprüngliche Vision hatte sich nicht verändert, jedoch deren Verwirklichung, die lag noch in weitester Ferne. So brütete ich eine Art Konzept in meinem Gehirn aus, wobei mir klar wurde, dass ich zunächst die nähere Umgebung des Hauses gestalten mußte, also eine Ebene auf dem Steilhang vor der Terrasse, was mit viel Bäumefällen und schwierigsten Aushubarbeiten verbunden war. Außerdem sollte ein Zugang zu den Kellerräumen geschaffen werden, wo ich das Schwimmbad bauen wollte.

Mit diesen Gedanken schlief ich schließlich ein. Am nächsten Morgen besprach ich alles mit meiner Frau. Da kam etwas hinzu, was die Sache komplizierte. Wir hatten erst kürzlich – bei einem Rotweingespräch – in Erwägung gezogen, auf dem Flachdach des Hauses ein neues Stockwerk zu bauen, weil die bestehenden Räume auf Dauer nicht genügen würden, vor allem wenn wir Besuch hatten oder unser Sohn vielleicht mal Geschwister bekam.

Nun tauchte die Frage auf, ob das nicht möglichst bald geschehen sollte, damit – wie man so schön sagt „alles in einem Aufwasch" erledigt würde. Ein Mammutprogramm. Wir veranschlagten ein Jahr für das Schwimmbad und zwei Jahre für den Ausbau des Hauses.

Zunächst wurden alle beruflichen Verpflichtungen

abgesagt, soweit dies möglich war. Dann verhandelten wir mit verschiedenen Baufirmen, bis wir endlich eine fanden, die uns geeignet schien. Und dann begannen wir mit den Arbeiten! Alle Einzelheiten zu schildern, würde Bände füllen. Ich kann nur den Spruch bestätigen: Es kostete viel Blut, Schweiß und Tränen.

Nach einem Jahr (Mitte 1973) war das Innen-Schwimmbad tatsächlich fertig. Das grenzte an ein Wunder, denn ich hatte meistens allein gearbeitet und nur einen Handlanger zur Verfügung, der mir mit dem Pressluftbohrer beim Aushub des Felsenbodens sowie bei der Armierung des Grundes und der Seitenwände half.

Wie dem auch sei, die Jungmannschaft war jedenfalls begeistert. Und sie erschien zahlreich. Dauernd hatten wir Besuch: Meine Kinder aus erster Ehe, die Kinder meiner Schwester Maria, meine Mutter, die Schwiegereltern, viele Bekannte und Freunde et cetera, et cetera. Alle glaubten, das Tessin sei nur für Ferien da! Und viele dachten, uns mal zu besuchen, um uns in unserer „Einsamkeit" Freude zu bereiten.

Natürlich freuten wir uns, aber ich hatte kaum Zeit für Gäste, es war noch so unendlich viel zu tun und außerdem musste ich ja auch die Bauarbeiten im ersten Stock überwachen, die jedes Mal neue Probleme brachten.

Wenn die Arbeiter die Baustelle verlassen hatten, setzte ich die vielen Pflanzen, die wir jeweils von den zwischendurch stattfindenden Einkaufstouren mitgebracht hatten, in die Erde und bewässerte sie oder ich rodete weiter, schuf neue Wege, Stützmauern oder grub weitere Brombeersträucher aus, alles bis tief in die Nacht, der Mondschein war meine einzige Beleuchtung. Oft rief mich meine Frau, aber meistens konnte ich nur einen kurzen Imbiss nehmen, weil immer wieder noch irgendetwas besonders Wichtiges zu tun war.

Natürlich hatte ich auch immer wieder versucht, Palmen zu setzen, aber mit mäßigem Erfolg. Vor allem die größeren Exemplare, welche uns die Arbeiter liebenswürdiger Weise mitbrachten, wollten einfach nicht gedeihen, weil sie wahrscheinlich irgendwo im Wald ausgerissen wurden und zu wenig Wurzeln am Stamm waren. Vielleicht war auch die Pflanzzeit nicht richtig gewesen, das wusste ich damals noch nicht so genau.

Ein Blütenmeer von seltenen Azaleen

Eine Palme mit 2 m hohem Stamm

Schließlich entschloss ich mich, eine Palme von einer Gärtnerei zu erwerben, die längere Zeit im Topf war. Sie war zwar unverschämt teuer, aber dafür bekam ich eine Garantie. Sie hatte einen fast 2 m hohen Stamm und war unheimlich schwer. Zusammen mit einem Arbeiter und mit verschiedenen Stricken schleppten wir sie Stufe um Stufe nach unten bis vor das Bad im Keller, wo wir sie schräg nach Süden aufstellten. Da würde sie am besten vor dem See zur Geltung kommen. Ich lief in alle Räume des Hauses, um zu sehen, wie sie sich gegen das Wasser abhob. Immer wieder musste ich kleine Korrekturen vornehmen, schob den schweren Topf um einige Zentimeter nach rechts, nach links, nach oben, nach unten, wobei wir ihn natürlich wegen des Steilhangs jeweils mit Steinen stützen mussten. Ich war bestimmt 50 Mal zu allen möglichen und unmöglichen Stellen in und außerhalb des Hauses gelaufen, bis wir endlich den richtigen Platz fanden und ein riesiges Loch in die Erde gruben, wo wir endlich mit vereinten Kräften die Palme hineinsetzten. Ein Arbeiter wollte schon mit dem Gießen beginnen, als ich ihm sagte, dass ich noch eine letzte Kontrolle machen wollte.

Das Felsenschwimmbad mit seiner märchenhafter Umgebung von Palmen, Bananen und anderen Schönheiten

Wiederum raste ich wie ein total Verrückter an sämtliche Orte, bis ich plötzlich merkte, dass sie von der oberen Terrasse des Hauses aus nur zu sehen war, wenn man sich über das Geländer bückte. Also musste weiter nach vorne gegraben werden, wobei natürlich eine kleine Stützmauer zusätzlich errichtet werden musste.
Der Kompagnon musste mich inzwischen für absolut „meschugge" gehalten haben, aber er sagte kein Wort. Schließlich wurde er bezahlt, und es konnte ihm nur recht sein, wenn die Arbeit längere Zeit dauerte. Sie dauerte nicht nur längere Zeit, sondern praktisch den ganzen Tag, und als der Handlanger gehen musste, weil die Familie auf ihn wartete, machte ich alleine weiter: Schaufelte, pickelte, grub, wässerte, bis ich endlich das Gefühl hatte, „jetzt steht sie richtig".
Mein treues Weib hatte wieder mit unendlicher Geduld das Abendessen aufgewärmt, musste aber zugeben, dass diesmal ihre Erwartungen übertroffen wurden. Auch der Bub strampelte vergnügt und ein friedlicher Abend kündigte sich an, obwohl ich zwischendurch immer wieder nachsehen musste, wo die Palme am besten zur Geltung kommt. Zum Schluss war ich überzeugt, dass sie den bestmöglichen Platz bekommen hatte und von überall die Wirkung ausübte, die ich mir erhofft hatte.
Wir waren überglücklich und abends, während meine Frau in Kochbüchern schmökerte, studierte ich in botanischen Werken, nachdem ich mir inzwischen fast die gesamte Literatur, die es vor allem über Palmen gab, hatte zusenden lassen.

Die Tage vergingen wie im Flug

Es gab so viel zu tun, dass man manchmal nicht mehr wusste, wo zuerst anpacken. Auch meine Frau war überfordert. Der Neubau im ersten Stock war inzwischen fertig geworden, und wir mussten natürlich möblieren. Es würde zu weit führen, hier im Einzelnen

Eine große Seltenheit: Blüten der *Protea* aus Kapland

sämtliche Tätigkeiten zu erwähnen. Jeder, der mal umgezogen ist oder ein Haus erworben hat, weiß wie viel Arbeit damit verbunden ist.

Meine Frau war besonders eifrig. Sie nähte alle Vorhänge, Bettüberwürfe, Tischtücher und dergleichen mehr, musste sich ums Kind kümmern, Essen zubereiten und half zudem im Garten mit, wo sie nur konnte. Wer hätte das für möglich gehalten, dass in einem echten Musical-Star, der sie war, so viele zusätzliche Talente vorhanden sind.

Unsere beruflichen Verpflichtungen verlangten unser Maximum. Wir hatten unter anderem zwei Theaterstücke zu proben, die Ende Januar in Basel, im Februar in Düsseldorf aufgeführt werden sollten. Gott sei Dank konnten wir es uns erlauben, die Proben bei uns zu Hause abzuhalten, was andererseits bedeutete, dass wir die Kollegen Schauspieler einladen mussten, die die Gartenarbeiten natürlich oft behinderten. Es war ein richtiges Tollhaus. Trotzdem gelang es uns, alles unter einen Hut zu bringen. Meine Mutter, die in einem der Stücke mitspielte, war rührend. Nicht mehr die Jüngste, erbot sie sich, zwischen den Proben beim Brombeerjäten zu helfen, und leistete hervorragende Arbeit.

Im Herbst musste ich dann nach Basel, wo ich in der Hauptrolle des berühmten Stückes „Revanche" (Sleuth) von Anthony Shaffer gastierte, während Stella gleich nach der erfolgreichen Premiere nach Brissago zurückfuhr, wo meine Mutter bei Marco geblieben war. Die beiden Frauen hatten alle Hände voll zu tun und mussten sich außerdem auf das nächste Theaterstück vorbereiten. Weihnachten kam ich endlich nach Hause, wo inzwischen auch die Schwiegereltern eingetroffen waren, die sich während unserer Abwesenheit um Kind und Haus kümmern wollten.

Es waren schöne, aber sehr kurze Festtage, denn es gab draußen und drinnen so viel gleichzeitig zu tun, dass an Feiern beim allerbesten Willen kaum zu denken war. Nur unser Bub, der war selig, betrachtete fast ununterbrochen den schönen Christbaum, den natürlich „Mammi" hergerichtet hatte; jauchzte und plapperte immer wieder: „Ichti – Ichti", was so viel wie „Licht" heißen sollte. Trotzdem – jede freie Minute musste ich draußen arbeiten und „Opa" als ehemaliger Baumeister war dabei eine echte Hilfe, die mich im Garten oft entlastete.

Wir vergrößern das Grundstück

Wegen des Umbaus hatten wir noch ein paar Parzellen dazu gekauft und unser Grundstück wesentlich vergrößert. Das bedeutete natürlich erneut: Roden, Bäume fällen, Brombeeren ausgraben – na ja, Sie wissen es schon – aber wann sollte das geschehen? Voller Sorgen und schweren Herzens fuhren wir Ende Februar 1974 nach Düsseldorf, wo die Proben sofort begannen und uns völlig in Anspruch nahmen, so dass es unmöglich war, an den Garten überhaupt nur zu denken.

Das Stück „Es bleibt in der Familie" hatte ich nach Motiven von L. Verneuil völlig modern bearbeitet und spielte eine komische Dreifach-Verwandlungsrolle als Großvater, Vater und Sohn, wobei meine Mutter und meine Frau dementsprechend in ständig unterschiedlichen verwandtschaftlichen Verhältnissen agieren mussten, so dass man oft nicht mehr wusste, wer was wo warum war. Eine herrliche Verwechslungskomödie!

Man darf sagen, es wurde ein triumphaler Erfolg bei Presse und Publikum, und wir spielten es mit Unterbrechungen in den kommenden Jahren noch rund 500 Mal in vielen Städten Europas und sogar in New York. Dies nur zur Orientierung, damit man verstehen kann, dass ich aus beruflichen Gründen für die Realisierung meines Traumes immer wieder längere Zeiteinbußen in Kauf nehmen musste.

Das Theater in Düsseldorf wollte natürlich verlängern, aber es war für mich unmöglich, weil ich für die kommende Zeit bereits etliche andere Engagements zugesagt hatte, aber vor allem meinen geliebten Garten nicht vernachlässigen konnte und wollte.

So brachten wir meine Mutter Mitte April auf ihre Alm, wo ich die Gelegenheit nutzte, eine große Anzahl Pinien auszugraben, welche wir dann anschließend ins Tessin mitnahmen. Dort war es unglaublich warm. Ich nahm unseren Buben huckepack und dann streiften wir durch den Garten.

Kleine Schritte zum Paradies

Alles stand in voller Blüte: Kamelien, Azaleen, Rhododendren, Seidelbast und, und, und... nicht zu fassen, dass diese mittelgroßen Sträucher aus den kleinen Topfpflanzen entstanden sein sollten, die wir am Anfang gesetzt hatten. Wir konnten uns kaum satt sehen und verspürten mit großer Freude, dass unser Paradies tatsächlich langsam Wirklichkeit wurde. Das gab neuen Auftrieb!

Schon um fünf Uhr morgens des nächsten Tages kroch ich bei aufgehender Sonne aus dem Bett und trug meine Ausbeute von der Alm nach unten auf die nördliche Seite, wo ich Löcher grub und die Tannen, Fichten, Föhren und Lärchen pflanzte. Man bedenke: Damals waren die Bäumchen knapp 50 cm groß – inzwischen ist die größte, eine prachtvolle Lärche von über 20 m.

Eine Spießrutenfahrt

Anschließend nahm ich einen kurzen Imbiss zum Frühstück, raste die Stufen hinauf, bewaffnet mit Pickel, Schaufel, Spaten und dergleichen, die ich im Auto verstaute, und fuhr zu einer Bekannten in der Nähe von Ascona, die mir vor einiger Zeit angeboten hatte, ich könne bei ihr Bambus ausgraben.

Das war außerordentlich schwierig und anstrengend, weil das Wurzelwerk so ineinander verschlungen ist, dass man für einen einzigen zusammenhängenden Stock oft mehrere Stunden braucht.

Immerhin nach einigen Tagen hatte ich genügend Stauden mit den entsprechenden Erdballen zusammen, dass man den Transport nach Brissago ins Auge fassen konnte. Das erwies sich aber als außerordentlich schwierig, weil die Länge der Dinger 6 m bis 9 m betrug.

Lastwagen zu engagieren wäre für uns damals schlicht und einfach zu teuer gewesen, so dass ich keine andere Möglichkeit sah, als es mit meinem Personenwagen zu versuchen. Fragen Sie nicht, wie das bewerkstelligt wurde. Es war zu aufregend, und ich kann mich nur schemenhaft an die Einzelheiten erinnern.

Jedenfalls: Gott sei Dank – wir waren im Tessin und nicht in der deutschen Schweiz, wo mich die Polizei

nicht nur sofort gestoppt, sondern auch gleich ins Irrenhaus gebracht hätte.
Kurz und gut: Ich nahm jeweils zwei Stauden, legte sie mit dem Wurzelwerk auf die Motorhaube, so dass sie knapp über die Stoßstange hinausragten, dann der Länge nach über das Dach und den Kofferraum, wobei immer noch einige Meter der Zweige hinten ziemlich weit auf die Straße hinausragten und natürlich auf dem Boden auflagen. Das bedeutete, dass ich die Strecke Ascona-Brissago gleichzeitig unfreiwillig fegen würde.
Verlegen heftete ich an die äußersten Enden der Zweige ein paar mehr rosa als rote Küchenlappen wegen der „Vorschrift". Aber ich war überzeugt, dass sie nicht mal einen wilden Stier angelockt hätten, denn sie waren kaum zu erkennen und schon gar nicht für die armen Automobilisten, die hinter mir herfahren würden. Ich kletterte in den Wagen, bekreuzigte mich dreimal und gab vorsichtig Gas. Ich weiß nicht mehr, wie ich durch das Eingangstor über eine scharfe Rechtskurve auf die Hauptstraße gelangte. Jedenfalls schaffte ich es durch waghalsige und unmenschliche Manöver, schwitzte aber vor Aufregung derart, dass ich das Oberhemd ausziehen musste und mit nacktem Oberkörper weiterfuhr. Mit einem weinenden Lächeln winkte ich der Bambusspenderin zu, die mich mit absolut zweifelhafter Miene ansah.
Irgendwie gelangte ich schließlich auf die Hauptstraße, aber nun ging die Hölle erst richtig los. Ich konnte nur sehr langsam fahren, weil sich die Erde der Wurzelballen dauernd löste und an die Windschutzscheiben klatschte, so dass meine Sicht nicht nur beschränkt, sondern gleich null war. Als ich nervös den automatischen Scheibenwischer mit der Flüssigkeit betätigte, war alles sofort verschmiert, und ich sah überhaupt nichts mehr. Gott sei Dank hatte meine Bekannte so etwas vorausgeahnt und eilte mit einem Eimer Wasser daher, dessen Inhalt sie über die Windschutzscheibe goss, so dass ich wieder sehen konnte, wo ich war. Und ich fuhr im Schneckentempo langsam weiter, denn ein Kehren und Wenden war schlichtweg unmöglich. Obwohl ich absichtlich zu einer Zeit gefahren war, wo die meisten ihr Mittagsschläfchen hielten, hatte sich

Die Sonne dringt durch den Bambuswald (*Phyllostachys*).

inzwischen hinter mir eine beachtliche Autokolonne gebildet, und es dauerte nicht lange, bis ich – zunächst einzelne Hupen –, bald aber ein ohrenbetörendes Konzert hörte, das mich fast nach Brissago begleitete.
Trotz des nackten Oberkörpers, fühlte ich mich schweißgebadet. Es war entsetzlich. Ständig überholten äußerst nervöse Fahrer und zeigten mir noch unter Todesgefahr den Vogel, wobei ich verzweifelt zustimmend nickte. Aber das nützte natürlich nichts. Ich war dankbar, dass es nur zu einigen Beinahe-Zusammenstößen kam, wobei sich natürlich auch die Involvierten gegenseitig den Vogel zeigten, meist ohne zu wissen, dass ich der Hauptschuldige war.
Am allerschlimmsten waren die Kurven, die ja entlang des Lago Maggiore recht zahlreich vertreten sind. An und für sich sehr pittoresk, weil sie immer wieder neue und schöne Aussichten für den Touristen eröffnen, jedoch für einen der schnellen Tessiner oder italienischen Autofahrer eher ein Handicap. Aber für einen Bambusfahrer waren sie nun wirklich nicht konstruiert worden. Ich wand und drehte mich und den Wagen in alle Richtungen, musste anhalten und aussteigen, um die Leute zu bitten etwas zurückzufahren, damit ich besser manövrieren könnte.
Es war ein wahrer Spießrutenlauf, respektive eine Spießrutenfahrt! Und alles wurde übertönt durch diese ohrenbetäubende Huperei! Aber die Polizei kam nicht. Gott sei Dank.
Wahrscheinlich absolvierte sie als Einzige das obligatorische Mittagsschläfchen. Das Ganze spielte sich ja vor langer Zeit ab, als die Welt noch in Ordnung war. Trotzdem war es peinlich – nein, zum Heulen.
Das merkte auch der Großteil der Asconer Bevölkerung, die mich inzwischen eingekreist hatte, wobei das südliche Mitleid überwog und die Wut sich langsam legte. Man gab mir wohlgemeinte Ratschläge, wie ich das Problem lösen könnte. Allerdings sagte jeder etwas völlig anderes und schließlich gerieten sie sich fast in die Haare, weil jeder Recht haben wollte.
Inzwischen war auch der Gegenverkehr blockiert. Ein großer Laster konnte an der Kurve nicht neben mir vorbei. Der bullige Fahrer stieg aus, betrachtete sich die Bescherung, machte mir ein unverständliches Zeichen,

Morgenstimmung am See mit Palmen, Cordyline und Zypressen

ging zum Wagen zurück und kehrte mit einer Motorsäge wieder, womit er die hinten herausragenden Bambusstücke einfach abschnitt.
Kleinlaut wollte ich Einspruch erheben, aber er wehrte ab, sagte, dass er Gärtner sei und dass im Frühjahr wieder neue Stauden aus den Wurzeln treiben würden.
Was sollte ich machen? Ich ergab mich meinem Schicksal und reiste schließlich mit den geköpften Bambusresten zu unserem Parkplatz, von wo aus ich sie mit der traurigen Miene des Verlierers und verbissener Kraftanstrengung die Treppen hinunterschleifte.
Übrigens der Mann hatte Recht. Im nächsten Frühling zeigten sich zarte Keime, die beachtlich wuchsen. Trotzdem ließ ich die bei meiner Bekannten verbliebenen Stauden mit einem Spezialfahrzeug transportieren, denn ich wollte ja in großen Zügen die Dimensionen meines zukünftigen Bambuswaldes festlegen und sehen, wie das in etwa werden würde. Allerdings war das Heruntertragen dieser langen Dinger über die Stufen und Windungen eine Geschichte für sich – das Setzen übrigens auch. Immerhin, es hat sich gelohnt. Heute steht ein wunderschöner Bambuswald auf der Südseite unseres Paradieses, und er sieht so aus, als ob er schon seit Urzeiten dagewesen wäre.

Pflanzen aus Mallorca

Die nächsten Gastspiele fanden mit dem Düsseldorfer Ensemble auf der Insel Mallorca statt. Ein Fressen für mich. Ich wusste, dass der Klimaunterschied zum Tessin nicht allzu groß war, und beschloss, so viele Pflanzen zu besorgen, wie nur irgendwie möglich. Zu diesem Zwecke mussten wir unser Auto mitnehmen, während die anderen Schauspieler mit dem Flugzeug kamen.
Wir fuhren also nach Genua und schifften uns ein. Die Überfahrt erinnerte mich an die vielen Seereisen, die ich als junger Mann in fast allen Teilen der Welt unternommen hatte. Ich erzähle Stella darüber, und wir hatten den Wunsch, möglichst bald mal so eine Reise zusammen zu unternehmen. Aber zunächst hatten wir noch unsere zahlreichen Verpflichtungen und natürlich den Garten.
Wir spielten in mehreren Hotels. Unsere Freizeit verbrachten wir zum größten Teil damit, Pflanzen kaufen. Meine Mutter, die mit dem Flugzeug gekommen war, freute sich im Wagen mitkommen zu können und dadurch die Insel besser kennen zu lernen. Ich kannte Mallorca schon von früher, so ließ ich die Damen meistens an den Kunstorten aussteigen, während ich mich in erster Linie mit den Pflanzen beschäftigte.
Es ist kaum zu beschreiben, wie viele Arten ich schließlich zusammenbrachte, die – notabene – alle im Auto untergebracht werden mussten. Auch etliche Palmen waren darunter, die ich im Tessin noch nicht gesehen, aber inzwischen gelernt hatte, dass sie auch Kälteeinbrüchen widerstehen konnten. Außerdem viele Blütenpflanzen, die ich zum Teil noch gar nicht kannte, sowie etliche Sorten von Geranien, die relativ winterhart waren und die auch bei uns draußen gedeihen konnten.
Nach zwei Wochen war unser Gastspiel zu Ende und unser Auto völlig überladen. Es roch sehr muffig, weil ich täglich gegossen hatte, was natürlich für den Metallboden des Wagens kein reiner Balsam war. Im Gegenteil, wir mussten uns bald einen anderen besorgen, während der alte auf dem Schrotthaufen landete. Ein hoher Preis für meine Pflanzenliebe.
Das Wetter war zwar wunderschön, und wir standen wieder an der Reling und schauten ins Wasser, aber das Hauptthema war doch: Wie bringen wir die Pflanzen durch? Wir hatten zwar alles für die Zollformalitäten sowie internationale Pflanzenzertifikate vorbereitet, aber Sie wissen ja selbst, dass es überhaupt nichts nützt, wenn der Zöllner nicht will.
Nach einer schlaflosen Nacht fuhr unser Schiff in den Hafen von Genua und kurz darauf waren wir inmitten einer Autokolonne, die sich durch den Zoll schlängelte. Meine Frau und ich sind keine schlechten Schauspieler, aber lügen können wir beide nicht. Und wenn wir es versuchten, so mussten wir dabei unnatürlich lachen oder heulen – jedenfalls sehr verdächtig scheinen. Ich summte völlig falsch eine bekannte Melodie, um mir Mut zu machen, und Stella tat das Gleiche, je näher wir an den Zollbeamten heranfuhren. Es fiel uns nichts Besseres ein, als dumme Gesichter zu machen und dann kam der entscheidende Moment.
„Passaporti, prego“, sagte der Zöllner mit strenger Miene. Wir gaben ihm demütig die Papiere. Er studierte sie

„Naturschönheit in Vollendung“: eine blühende *Yucca gloriosa* und dahinter eine *Yucca rostrata* im südlichen Teil meines Gartens

Blühende *Tibouchina* aus Brasilien

lange mit einer unheimlichen Ruhe und Gelassenheit. „Siete attori – Ihr seid also Schauspieler?", tönte es unter der imposanten Kopfbedeckung, die Carabiniere nun mal haben. Dabei betrachtete er mit Interesse die vielen internationalen Stempel.

Da ich nicht sicher war, ob unser Beruf von diesem Beamten mit der Mafia verwechselt wurde, nickte ich nur demütig – quasi als Entschuldigung. „Sagen Sie, Herr Schell", sagte er plötzlich in überraschend gutem Deutsch, „welcher von unseren italienischen Stars ist Ihnen lieber? Gina Lollobrigida oder Sofia Loren?" Mein Gott, was sollte ich jetzt antworten. Gina kannte ich persönlich ganz gut, die Loren weniger – also versuchte ich das zu erklären und sagte gedehnt: „Also, die Gina, die kenne ich und..." weiter kam ich nicht.

Er war begeistert und jubelte: „Gina, la nostra Gina Nazionale – bravo – passa, Signore, passa", welch letzteres soviel bedeutete, „Bitte, mein Herr, fahren Sie durch." Mensch, war ich froh, der Beamte hatte sich völlig verändert, salutierte höflich, winkte uns aus der Kolonne und gab das Zeichen zur Weiterfahrt.

Ich hatte einige Jahre später, als ich mit Gina Lollobrigida in Beverly Hills einen Kaffee trank, ihr die ganze Geschichte erzählt, und sie hatte sich köstlich amüsiert.

Auch ein paar Stunden später beim Schweizer Zoll ging es zwar länger, aber wir hatten auch keinerlei Schwierigkeiten. Alles war ordnungsgemäß deklariert und mit den nötigen Papieren versehen.

16 Stunden Gartenarbeit pro Tag

Die nächsten Tage wurden damit verbracht, die Pflanzen in den Tessiner Boden zu setzen. Das hatte zur Folge, dass ich wieder bis zu 16 Stunden Arbeit pro Tag hatte. Aber ich tat es – wie immer – mit unbändiger Freude. Wie schrieb doch Goethe so schön:

„Das ist der Weisheit letzter Schluss,
nur der verdient sich Freiheit wie das Leben,
der täglich sie erobern muss."
(Faust 2, 5. Akt)

Nun, ich eroberte meine Freiheit im wahrsten Sinn des Wortes täglich. Und in unserem Paradies konnte ich diese Freiheit spüren wie nirgends sonst auf dieser Welt. Natürlich lief ich auch jetzt bei jeder Pflanze

„In Mexiko" – *Agave americana* umgeben von Palmen

Wunderbare Aussicht vom Innenschwimmbad durch das Panoramafenster auf den See

unentwegt ins Haus, ins Parterre, in den ersten Stock, ins Studio ganz oben sowie an verschiedene Stellen im Garten um zu sehen, ob der Standort richtig gewählt wurde und ob sie von überall richtig zur Geltung kam. Gott sei Dank war dies meistens der Fall. Ich hatte in dieser Beziehung bereits eine richtige Routine. Trotzdem kam es vor, dass etwas nicht stimmte, und dann begann der ganze Prozess von Neuem.

Das klingt vielleicht etwas übertrieben, aber ich musste zusätzlich in Betracht ziehen, wie es in Zukunft aussehen würde, das heißt, so gut wie möglich das Wachstum berechnen. Dies ist bei Palmen und Nadelhölzern völlig verschieden, weil letztere in die Höhe und Breite schießen, während erstere sich lediglich hinauf strecken und nur die Krone etwas größer wird. Das ist zwar eine Tatsache, die bekannt ist, die man aber unbedingt rechtzeitig berücksichtigen muss.

Heute bin ich sehr froh über meine damalige „Sturheit", denn es hat sich alles genauso entwickelt, wie ich es mir vorgestellt hatte. Ist das nicht wunderbar?

Eine echte österreichische Almhütte im Tessin

Eines Tages – mitten in der Arbeit – kam ich ins Sinnieren. Es war ein traumhafter Morgen. Nachts hatte es ein bisschen geregnet. Kurz vor der Dämmerung präsentierte sich ein makelloser Sternenhimmel und bei der aufgehenden Sonne reflektierte die Natur Millionen von Wasserperlen, die sich auf Blumen, Bäume und Sträucher gelegt hatten. Oder waren es echte Perlen? Ich weiß es nicht und wollte es gar nicht wissen, denn es sah überirdisch schön aus. Der See glitzerte und funkelte, als ob sämtliche Sterne heruntergefallen wären und sich nun wie Fische im Wasser tummelten.

Die Luft, die ich einatmete, berauschte mich – frischer unverbrauchter Sauerstoff strömte durch mein Inneres und schärfte meine Sinne, wodurch ich alles doppelt und dreifach sah, hörte und fühlte. Wie sagte doch Eichendorff? „Es war, als hätt' der Himmel die Erde still geküsst…"

Die „Almhütte", welche auch „Datscha" oder „Canadian Hut" genannt wird.

In dieser Stimmung, so glaubte ich, durfte ich nicht einfach arbeiten, schleppen, schwitzen. Nein, ich musste überlegen, nachdenken, philosophieren. Endlich mal durch den Garten wandern, ihn anschauen – genießen. Das tat ich denn auch.

Ich stieg langsam hinunter zum nördlichen Teil, war bald umgeben von Fichten, Föhren, Lärchen und Kiefern, die sanft im Wind rauschten, und hatte plötzlich das Gefühl, auf der Alm zu sein. Auf unserer Alm, wo die ganze Schell-Familie die Jugend verbracht hatte, lange bevor der Maler aus Österreich mit seinen grauenhaft dilettantischen Pinselstrichen die ganze Welt bekleckste.

Mein Gott – wie glücklich – unsere ersten Eindrücke der Natur! Ich sah sie ganz deutlich vor mir: Meine Geschwister Maria, Maximilian und Immy sowie meine geliebte Mutter, alle beim Heidelbeer- und Preiselbeerpflücken, wobei die Töpfe der Kinder natürlich leer waren, weil alle und sämtliche Beeren unablässig in den Mündern verschwanden. Von dieser Alm hatte ich außer Nadelhölzern auch einige solcher Sträucher mit nach Brissago gebracht, die nun in unserem Paradies gediehen und beim Pflücken die vollkommene Illusion ergaben, wieder Kind zu sein und das zu empfinden, das meine Mutter in ihrem Buch „Mutter ist die schönste Rolle" so treffend beschrieb:

„Wer die Alm einmal kennen gelernt hat, für den ist die Welt nicht mehr Austragungsort für Neid und Missgunst, nicht mehr Hetzen nach schnöder Anerkennung. Hier oben auf der Alm weiß man tiefer um die Dinge, spürt man sich eingebettet und aufgehoben, dem Schöpfergott um einen prächtig erhabenen Hügel näher."

Ich legte mich ins Gras und schaute in den Himmel. Wie früher hatte ich das Gefühl, dass Englein von Wolke zu Wolke flogen und spielten. Sie schrien und jauchzten wie Kinder mit Flügeln. Moment mal, war das nicht echtes Geschrei? Ich hob den Kopf und schaute Richtung Haus. Meine Frau stand oben, unseren Marco im Arm – sie winkten. „Papi, Frühstück ist fertig", und der Kleine ahmte nach: „Papiii, Füüüdick fetttig…" Ich schreckte hoch, winkte zurück, stand langsam auf und begann nach oben zu wandern. Dabei kam mir eine Idee. Ich wollte hier unten für meinen Nachwuchs auch so eine Art Almhütte bauen, wie wir sie in Kärnten hatten, natürlich kleiner.

Erfüllt von diesem Gedanken sprang ich zu unserem Haus nach oben. Stella hatte inzwischen ein köstliches Frühstück mit frisch gebackenen Brötchen vorbereitet und war dabei, den Kleinen zu füttern.

Was für ein herrliches Gefühl zu wissen, dass da eine Frau war, die – außer hübsch zu sein – sich den ganzen Tag ums Kind und den Mann kümmerte und natürlich auch ums Haus! Und da war bei Gott viel zu tun und ist es heute noch.

Meine Frau Stella

Sie entschuldigen, liebe Leser, wenn ich kurzfristig nicht über Pflanzen berichte, aber meine Frau ist der schönste und wichtigste Teil meines Paradieses. Ohne sie hätte ich es kaum schaffen können.

Stellen Sie sich vor: Allein das Haus, mit seinen damals schon rund 200 qm ohne Hilfe sauber und gepflegt zu halten, war schon eine Meisterleistung, waschen, bügeln, putzen, kochen, einkaufen (bei den Treppen) und, und, und. Außerdem unser Lausbub, der brauchte noch eine besondere Pflege. Die Damen unter Ihnen wissen ja, was da alles zusammenkommt. Zusätzlich war und ist Stella eine hervorragende Köchin, die oft tagelang köstlichste Speisen vorbereitete, wenn wir Gäste hatten, und das war – trotz der Treppen – oft der Fall. Man kann es kaum fassen, dass Stella damals gleichzeitig eine erfolgreiche und gefeierte Sängerin war und auch bei fast allen unseren Theatergastspielen als meine Partnerin die weibliche Hauptdarstellerin, trotzdem stets bescheiden und guter Laune war und es heute noch ist.

Neben all ihren Arbeiten hat sie mir auch viel im Garten geholfen und mich – wenn ich krank war – gesund gepflegt. Kurz, wenn andere „Das Hohelied vom braven Mann“ singen wollen, so darf ich wohl das „Hohelied von meiner einzigartigen, lieben Frau“ trällern, und ich tat dies während aller Tage, in denen ich meine Ausbeute von Mallorca einpflanzte.

Blick vom „Acapulco-Felsen“ in die „Blaue Lagune“

Apropos Mallorca. Fast jede Frau hätte die Geduld verloren, nachdem der Autoboden durch das ständige Gießen halb verrostet war. Nicht so Stella. Sie war zufrieden, wenn ich mit den Gartenarbeiten glücklich war. Die Belohnung folgte auf dem Fuß. Für die nächste Tournee, welche uns in die meisten Kurbäder Deutschlands bringen sollte, stellte uns die Firma Mercedes einen Wagen zur Verfügung, den wir anschließend günstig kaufen konnten.

Natürlich sammelte ich bei dieser Bädertournee wieder viele neue Pflanzen, aber dieses Mal hatten wir wohlweislich eine Plastikunterlage ins Auto gelegt, die wie eine Wanne wirkte. Im Herbst waren wir wieder in Brissago und lösten unsere Schwiegereltern ab, die sich inzwischen um ihr geliebtes Enkelkind gekümmert hatten.

Eine Menge Arbeit wartete auf uns. Zunächst musste der Flügel vom Parterre in den ersten Stock transportiert werden, was einen ganzen Tag in Anspruch nahm und schließlich mit Hilfe einiger Arbeiter und eines improvisierten „Flaschenaufzugs" von außen über die Terrasse bewältigt wurde. Außerdem hatten wir weitere antike Möbel erworben, die natürlich alle über die Treppen hinuntergetragen werden mussten und dann wieder hinauf in den ersten Stock.

Anschließend war es höchste Zeit, die Pflanzen aus den deutschen Kurbädern an die entsprechenden Orte zu setzen, was ich in tagelanger Arbeit erledigte, während meine Frau den oberen, neuen Stock fertig einrichtete.

Zu Beginn 1975 war es endlich so weit. Wir konnten unser schönes Haus einweihen und luden dazu unsere besten Freunde ein. Aber es kamen viel mehr. Niemand scheute die Treppen. Auch die Presse nicht. Und es erschienen die ersten Reportagen über Haus und Garten mit Titeln wie „Carl Schells Paradies liegt im Tessin" oder „Carl Schells nordsüdlicher Traumgarten". Meine Liebe zur Natur und auch mein Kampf für die Umwelt hatten sich herumgesprochen und wurden sogar honoriert, indem ich am 15. Mai 1975 den „Europapreis" als „Leader d'opinione" bekam.

Der Garten war zwar bei weitem nicht fertig, aber die Grundeinteilung stimmte und die vielen Pflanzen, die ich aus den verschiedensten Ländern „bezogen" hatte, waren fast alle angewachsen, so dass man bereits damals von einem einzigartigen botanischen Versuch sprechen konnte. Zum ersten Mal seit vielen Jahren spürte ich, dass meine Vision langsam, aber sicher Wirklichkeit wurde. Stella und ich feierten dies, nachdem die letzten Gäste das Haus verlassen hatten, in unserem wunderschönen neuen Schlafzimmer im Norden mit einer großen Lärche von der Alm genau vor dem Fenster bis in die frühen Morgenstunden – mehr verrate ich nicht.

Blick aus dem „Dschungel" in die luftige Höhe mit Dattelpalmen

Der Rest des Jahres wurde weitgehend mit Theater-, Film- und Fernseharbeiten ausgefüllt, wobei die TV-Aufzeichnung unseres großen Bühnenerfolges „Es bleibt in der Familie" einen Höhepunkt und gleichzeitig den Jahresabschluss bildete.

Eine riesige Palme kommt mit dem Kran

Auch 1976 war in erster Linie durch Tournee-Arbeiten geprägt, aber botanisch gab es etwas Besonderes.

Gegen Mitte des Jahres, als wir wieder längere Zeit in Brissago weilten und ich gerade beim Pflanzen war, sagte Stella so nebenbei: „Heute gibt´s eine große Überraschung für dich.“ Dabei deutete sie auf die Straße oberhalb.

Ich sah einen überaus großen Lastwagen, der einen Kran ausfuhr und daran hing – ich konnte meinen Augen nicht trauen – eine riesige Palme, die langsam an einem Seil zu uns herunterschwebte. Gleichzeitig hörte ich männliches Stimmengewirr, das von einigen Arbeitern stammte, die gerade an den untersten Stufen des Weges angelangt waren. Die Überraschung war perfekt. Stella hatte mir eine fast sechs Meter hohe *Trachycarpus*-Palme gekauft und fragte mich nun, wohin sie gesetzt werden sollte. Ich war so perplex, dass es eine gewisse Zeit brauchte, bis die richtige Stelle gefunden wurde, wo die Männer ein großes Loch aushuben, zum Teil mit mitgebrachter Erde füllten und schließlich die Palme langsam hineingleiten ließen.

Für mich ein unglaublicher, berauschender Anblick. Ich hüpfte wie ein kleines Kind von oben nach unten und von unten nach oben und betrachtete die neue Errungenschaft von allen Seiten. Die Palme ragte majestätisch über all die anderen, die ich in den letzten Jahren gepflanzt hatte.

Lange nachdem die Arbeiter verschwunden waren und die Dämmerung einbrach, wanderte ich an alle möglichen und unmöglichen Orte in Garten und Haus und betrachtete mit immer neuer Bewunderung dieses zusätzliche Prachtstück unseres Paradieses.

Zwar hatte ich mir am Anfang vorgenommen, nur Sämlinge und ganz junge Pflanzen zu setzen, damit alle in ihrer Entwicklung zur selben Zeit wachsen und größer werden könnten. Aber schon nach wenigen Jahren musste ich feststellen, dass sie sich – wie die Menschen – sehr unterschiedlich entwickelten, in Größe, Stärke, Gesundheit, und ich möchte fast sagen im Charakter. Aus diesen Gründen hatte ich schon oft überlegt, ob ich nicht auch größere Exemplare pflanzen sollte und Stella hatte mich mit dieser Überraschung bestätigt. Jedenfalls blieben wir noch lange wach. Hörten Musik, tanzten, freuten uns und, und, und. Mehr verrate ich auch dieses Mal nicht.

Aber die Zeit raste – schon damals, denn heute gehts noch schneller, man könnte meinen mit Lichtgeschwindigkeit. Wir hatten viele Besucher, darunter auch sehr prominente wie Rudi Walter, Margrit Rainer, Inigo Galli – heute alle unter der Erde, natürlich auch weniger prominente – merkwürdig – sie alle scheuten die Stufen nicht.

Großvater, Vater und Sohn in einer Rolle

Leider (wegen des Gartens) oder Gott sei Dank (wegen des Verdienstes) mussten wir zwischendurch immer wieder beruflich arbeiten bei Fernsehen oder Theater, wobei der Dauerbrenner „Es bleibt in der Familie“ als Tournee am meisten gefragt war. Klar freute uns das auch, denn es gibt keine bessere Art, andere Gegenden kennen zu lernen.

Natürlich verlangt es viel Arbeit und immer wieder einen besonderen Einsatz, vor allem wenn man selbst

Blick vom Haus auf den See und die *Trachycarpus*-Palme

produziert. Jeden Tag Hunderte von Kilometern fahren, dann den Kulissenwagen abladen, Bühnenaufbau, der stets verschieden war – vom riesigen modernen Neubau mit über tausend Sitzplätzen bis zum Intimtheater ohne Beleuchtung, so dass wir (die) Notscheinwerfer einrichten mussten. Aber überall erwartete man Bestleistungen von uns.

Das war nicht immer einfach, denn ich spielte ja noch die Dreifach-Hauptrolle als Großvater, Vater und Sohn und manchmal war es schwierig, Masken und Kostüme zu wechseln, besonders in den kleinen Orten, wo keine richtigen Garderoben vorhanden waren.

Oft mussten wir gleich nach der Vorstellung abbauen, weil eine lange Strecke bis zum nächsten Spielort vor uns lag. Aber es gab auch urkomische Momente. So wurde uns zum Beispiel in einem Kurort gesagt, dass wir keinesfalls länger als zwei Stunden spielen dürfen, obwohl die Normaldauer rund zweieinhalb Stunden war, und erklärte: Falls es länger dauern würde, wäre der Saal leer, weil die Patienten alle pünktlich ins Bett müssten.

Die Konsequenzen waren unvorstellbar. Wir mussten alle rasend schnell sprechen, was völlig unnatürlich war und vor allem sehr komisch, so dass wir uns nicht verkneifen konnten zu lachen, was wiederum zur Folge hatte, dass die Töne wie Fistelstimmen klangen. Das reizte natürlich noch mehr zum Lachen, denn nun mussten wir diese Töne beibehalten, damit dass Publikum nichts merkt. Wir schwitzten, der Großvaterbart hing nur noch an einem Faden der Klebepaste und drohte sich jeden Moment zu lösen. Die Beherrschung, nicht laut herauszuplatzen, wurde immer schwieriger – die Fistelstimmen immer höher. Leider ist hier nicht die Gelegenheit die ganze Geschichte zu erzählen. Jedenfalls: Wir schafften es. Das Publikum war begeistert und hatte nichts von dem, was auf der Bühne vorging, gemerkt.

Mitglied der International Palm Society

Aber, um auf unseren Garten zurückzukommen. Mit der täglichen körperlichen Schufterei im Freien war es längst nicht mehr getan. Ich hatte mir in den vergangenen Jahren viele botanische Bücher angeschafft und benutzte die Abende – manchmal auch die Nächte – dazu, mich intensiv weiterzubilden. Besonders die Palmen hatten es mir angetan. Ich wurde Mitglied der „International Palm Society", der „European Palm Society" und anderer Organisationen, und durch brieflichen Austausch mit anderen Mitgliedern lernte ich enorm viel.

Damals war die Literatur über Palmen noch sehr beschränkt. Am meisten interessierten mich die sogenannten „hardy palms", also Spezies, die auch etwas Winterkälte und Schnee vertragen können. Natürlich experimentierte ich auf diesem Gebiet, so dass ich im Laufe der Zeit eine gewisse „Kapazität" wurde. Von diesen Erfahrungen können auch Sie, liebe Leser, jetzt profitieren durch das spezielle Kapitel in diesem Buch „Die Welt der Palmen".

Die acht Millionäre

Neben all diesen Tätigkeiten kam eine neue, außerordentlich wichtige dazu. Seit Jahren hatte ich nach einem geeigneten neuen Theaterstück gesucht. Man konnte ja nicht ewig „Es bleibt in der Familie" spielen, auch wenn es außerordentlich erfolgreich war.

Kurz und gut: Nach endloser Sucherei in Europa und Übersee stieß ich endlich auf eine französische Kriminalkomödie mit dem Titel „Les Batards" (Die Bastarde). Die Geschichte von acht Erben, die gleichzeitig Geschwister oder Halbgeschwister waren – teilweise ohne es zu wissen – und von denen fast alle umgebracht wurden, weil der Mörder natürlich Alleinerbe sein wollte. Bis zum Schluss weiß niemand, wer es ist.

Ein spannendes Stück, dessen Reiz für mich darin bestand, dass der Hauptdarsteller gleich alle acht Verwandlungsrollen selbst spielen musste, darunter zwei Frauen! Ich nannte es die acht Millionäre.

Ein Fressen für mich! Aber mit vielen Verdauungsschwierigkeiten, wie Kostümwechsel. Der Autor hatte weder in Frankreich noch sonstwo jemanden gefunden, der im Stande gewesen wäre, diese Aufgabe zu meistern. Ob ich das schaffen würde?

Nach einigen Besprechungen in Paris und Brissago, kamen wir überein, dass ich die Übersetzung und eine besondere Bearbeitung machen konnte und dass das Stück dann mit dem Titel „Die acht Millionäre" in deutscher Sprache als Welturaufführung herauskommen sollte.

Der Dattelpalmenplatz unterm Mond in der Abendstimmung

Ein schwieriges Unterfangen, aber ich war Feuer und Flamme und akzeptierte. Ein Theater wurde verhältnismäßig rasch gefunden. Durch meine vorangegangenen Gastspiele waren mehrere Bühnen daran interessiert, und ich entschloss mich schließlich für München, wo dann im Oktober des kommenden Jahres (1977) die Premiere im Trude-Kolmann-Theater „Die kleine Freiheit" an der Maximilianstraße stattfinden sollte.
Es blieben also knapp zehn Monate für die Übersetzung, die Proben und die Darstellersuche. Letzteres war nicht allzu schwierig, denn es war klar, dass meine Frau die einzige (echte) weibliche Hauptrolle übernahm und für den Polizeikommissar hatte ich den damals in der Schweiz sehr bekannten F.S.-Tagesschausprecher gewählt, der ebenfalls ein guter Schauspieler war und den ich gut kannte. Trotzdem, es lag eine ungeheure Arbeit vor uns, denn Haus, Kind und

Yucca elephantipes **am Rande von „Arizona"**

auch den Garten konnten wir auch nicht vernachlässigen. Der Januar 1977 brachte uns eine böse Überraschung – nämlich Unmengen von Schnee. Das ist zwar eine Seltenheit in unserer Gegend, aber es kann schon vorkommen, dass bei schlechter Witterung im Nordwesten durch Stürme diese weiße „Pracht" über die Alpen weht bis an die Gestade des Langensees. Gott sei Dank nur alle paar Jahre! Aber meistens ist es dann Nass-Schnee, der schwer auf den Pflanzen liegt und vor allem bei den Palmen wegen der großen Blätter, die durch das Gewicht stark heruntergedrückt werden, Schaden anrichten kann, und das sieht dann himmeltraurig aus.
Trotzdem kann ich den europäischen Palmliebhabern versichern: Lieber Beschädigung als einen Totalschaden, wie ihn zum Beispiel die Hurrikan-Stürme in den Antillen und anderen tropischen Gegenden anrichten können, die den Garten endgültig zerstören, so dass der Besitzer wieder mit dem Pflanzen und Setzen von neuem beginnen muss.
Nun auch diese Erfahrung mit Schnee und Kälte gehört zur „Schaffung eines Paradieses" und ist vor allem für Palmenliebhaber in Deutschland wichtig, wo solche Probleme fast jeden Winter entstehen. Aber bitte, den Kopf nicht hängen lassen. Wie Sie Ihre Pflanzen in solchen Situationen schützen können, habe ich ab Seite 120 eingehend beschrieben und hoffe, Ihnen dadurch viele unliebsame Erfahrungen ersparen zu können.
Im Verlauf des Jahres hatten wir natürlich noch etliche andere berufliche Verpflichtungen – hauptsächlich Fernsehen –, aber auch ein wichtiges Gastspiel in der Komödie in Hamburg natürlich wieder mit „Es bleibt in der Familie". Auch hier passierte am Tag der Premiere eine unglaubliche Geschichte: Meine Wange war plötzlich so angeschwollen, dass mich meine eigene Frau kaum erkannte. Es war Samstag und kein Zahnarzt erreichbar. Schließlich gelang es uns, durch Beziehungen, doch noch jemanden zu finden, der allerdings weit außerhalb Hamburgs wohnte, aber dann extra wegen mir in die Praxis in der Innenstadt fuhr. Allerdings konnte er seine Assistentin wegen des Wochenendes nicht auftreiben, brauchte aber unbedingt jemanden, weil er wegen der starken Schwellung keine Spritze geben wollte. Also, Lachgas!

Meine Frau musste einspringen, und dass sie es hervorragend gemacht hat, sieht man daran, dass ich diese Zeilen schreiben kann. Jedenfalls konnte ich mit großen Schmerzen die Premiere spielen.

„Berühmte Schell-Familie ausgeraubt"

Solche Sachen gehören nun mal zum Leben eines Schauspielers, wie auch der Einbruch, der einige Tage später im Haus des Direktors stattfand, das er uns während des Gastspiels zur Verfügung gestellt hatte. Das Haus lag außerhalb der Stadt auf einem schönen Landgut und war recht einsam. Als wir nach der Vorstellung zurückkamen, sahen wir die Bescherung! Die Täter hatten wie die Vandalen gehaust und nicht nur geklaut, sondern Fleischstücke aus dem Kühlschrank auf den Boden geschmissen, so dass man das Gefühl hatte, ein großes Verbrechen hätte stattgefunden. Außerdem fehlten Schmuckstücke von meiner Frau und meiner Mutter und am nächsten Tag war die Presse natürlich voller Schlagzeilen: „Einbruch in Hartenholm, die berühmte Schell-Familie ausgeraubt" etc. Es war schrecklich, in jeder Beziehung, vor allem weil wir uns Waffen anschaffen mussten, Versicherungsexperten kommen lassen mussten und anderes mehr.

Jedoch hatte es auch seine guten Seiten. Das Theater war in den nächsten Tagen ausverkauft und nicht nur wegen der guten Kritiken. Alle bestürmten uns mit Fragen. Aber ich wollte Ihnen vom Werdegang unseres Paradieses erzählen. Da gehört nun mal auch dies dazu, vor allem weil ich aus Hartenholm einige Pflanzen mitgebracht hatte, die noch heute im Garten stehen und mich an dieses Abenteuer erinnern.

In den folgenden Monaten arbeitete ich in erster Linie

Unsere „Toscana"-Zypressen mit Blick zum italienischen Ufer vis-à-vis

an der Übersetzung des französischen Stückes, hatte aber trotzdem die Gelegenheit, seltene Pflanzensamen aus der ganzen Welt in meinem Treibhaus zum Keimen zu bringen, welche ich bei der „Seed-Bank" (Samenbank) der Palm-Society bestellt hatte.

Das war unerhört spannend. Wenn nach einigen Monaten plötzlich ein grünes „Etwas" aus der Erde dringt und sich langsam zu einem Blatt entwickelt, gibt das ein unbeschreibliches Gefühl der Genugtuung. Überlegt man, dass so ein Winzling eigentlich nach Argentinien oder Neuseeland gehören würde und nun bei mir in Brissago „geboren" wird, gedeiht und langsam größer wird – Zehntausende von Kilometern von seiner Heimat entfernt –, fühlt man sich fast ein bisschen wie ein kleiner Herrgott.

Doch während sich aus diesen seltenen Samen richtige Lebewesen entwickelten, wurde eifrig für das neue Stück „Die acht Millionäre" hatte, geprobt. Inzwischen war unser Partner, der Polizeikommissar, eingetroffen, so dass wir richtige Durchlaufproben machen konnten, was für den schnellen Ablauf des Stückes sehr wichtig war.

Natürlich gingen auch die Arbeiten im Garten – so weit möglich – parallel weiter. „Die Katze – oder – in diesem Fall der Kater lässt das Mausen nicht." Während ich also meinen Text memorierte, hatte ich immer auch genügend körperliche Arbeit zu tun, wie Unkraut jäten, Sträucher zurückschneiden, alte Palmenblätter entfernen und dergleichen mehr.

Das Felsenbad – Acapulco im Tessin

Bei diesen Streifzügen hatte ich plötzlich eine Entdeckung gemacht, die mich faszinierte. Im südlichen Teil des Gartens ist ein Felsvorsprung, der vor sich eine winzige Mulde hatte, die sich bei Gewitter mit Regenwasser füllte. Klein, aber romantisch.

In mir reifte ein Plan. Ich wollte Stella eine große Überraschung bereiten. Als der damalige Bürgermeister von Brissago, Signor Conti-Rossini, bei uns zu Gast war und den schönen Park bewunderte, den ich in seiner Gemeinde kreiert hatte, nahm ich ihn beiseite und zeigte ihm die Mulde, während meine Frau oben im Haus einen Kaffee zubereitete. So beiläufig murmelte ich: „Könnte man doch eigentlich vergrößern und einen kleinen Weiher oder etwas Ähnliches daraus machen?"

„Keine schlechte Idee", meinte er, „umso mehr als es doch mal einen Waldbrand in der Nähe geben könnte. Da wäre es nicht schlecht, ein Wasserbecken in der Nähe zu haben."

„Also, Ihren Segen hätte ich?" fragte ich, bevor wir zum Haus gingen. „Selbstverständlich, machen Sie ruhig, was Sie für richtig halten. Bei Ihrem Garten, der bereits jetzt eine Zierde für Brissago ist, wird wohl was Schönes dabei herauskommen." Das war die Geburt meines Felsenschwimmbades.

Natürlich sagte ich meiner Frau nichts, und, als der Bürgermeister gegangen war, ging ich nochmals zum Felsen, wo die Mulde war. Lange überlegte ich, wie ich meinen neuen Plan verwirklichen könnte. Wie Sie bereits wissen, hatte ich schon einige Erfahrungen, weil ich im Keller vor längerer Zeit einen kleinen Pool mit Gegenstromanlage geschaffen hatte. Den wollte ich aber beibehalten, vor allem weil er im Winter beheizbar war.

Nun reifte in mir der Entschluss, ein Außenbad zu gestalten, aber nicht nur ein gewöhnliches Becken, sondern ein richtiges Felsenschwimmbad, das in den Stein hineingearbeitet werden sollte.

Das klingt nach extrem schwieriger Arbeit, aber meine Ideen überschlugen sich fast fieberhaft: Der Felsen lag an einem Steilhang. Wenn ich nun auf der Bergseite mit schweren Schlegelhämmern und später eventuell einem Pressluftbohrer den Stein abbaute und die Brocken vorne Richtung See aufschichtete, alles mit Zement verband und schließlich das große Becken dann armierte, es musste gelingen.

Hurra. Wieder einmal hatte ich eine Vision, sah schon alles fixfertig vor mir. Aber es sollten noch zwei Jahre vergehen, bis das Prachtstück fertig war. Natürlich wollte ich Stella nichts davon sagen, wenigstens so lange dies möglich war. Es sollte ja eine Überraschung sein. Das gelang mir auch während mehrerer Monate, weil die Stelle doch etwas unten lag und kaum einsehbar war und Stella sich um Kind und Haus kümmern musste, außerdem mit unserem Bühnenpartner einige Szenen probieren musste, bei denen ich nichts zu tun hatte. Neben den Proben schaffte ich täglich wie ein

Die „Blaue Laguna" umrahmt von Riesenagaven

Palmen und Agaven spiegeln sich in der „Blauen Laguna".

Die ersten Arbeiten am Felsenbad

Besessener unten am Felsen. Mit Pickel, Spaten und Schaufel löste ich zunächst Teile des überhängenden Gesteins, so dass eine Art Plateau entstand und schichtete dann das Material auf der Seeseite zu einer Art Mauer. Zusätzlich musste ich natürlich auch den Untergrund sichern, wobei ich mit dem Schubkarren unzählige Male an alle möglichen und unmöglichen Stellen des Gartens fuhr, um Material heranzuschaffen. So schuftete ich wieder einmal wie ein Besessener tagelang, wochenlang, bis Stella doch mal merkte, dass ich etwas Ungewöhnliches vorhatte.

So fragte sie eines Tages plötzlich: „Was machst du eigentlich die ganze Zeit da unten?" Ich war verlegen. „Ehm, nichts Besonderes. Eine Überraschung für dich. Frag lieber nicht." Damit ließ sie sich nicht abspeisen: „Du gräbst den halben Garten um, machst ein riesiges Loch in den Felsen, fährst Hunderte Male mit dem Schubkarren durch die Gegend und ich soll nicht mal fragen, was los ist!"

Natürlich hatte sie Recht. Ich musste Farbe bekennen, murmelte vor mich hin: „Ein neues Schwimmbad."

„Waaas?", schrie sie fast. Ich wiederholte laut, aber begleitet von einem tiefen Seufzer: „Na ja, ein neues Schwimmbad!" Sie schaute mich an, als wäre ich völlig übergeschnappt. „Ein Schwimmbad? An diesem engen Steilhang? Ich glaube, du hast sie nicht mehr alle!"

Es ist für mich manchmal sehr schwierig, meine Überlegungen zu erklären. Die Gedanken rasen, so dass ich nach Worten suchen muss. Ich versuchte es, stotterte aber meist und erzählte einen Käse.

Normalerweise hat Stella immer Vertrauen in meine Pläne, auch wenn sie noch so absurd waren. Aber diesmal schien es ihr zu viel. Ich glaubte, sie müsste mich wirklich für einen Spinner halten. Sie schaute mich eher mitleidig an: „Na gut, wenn dich diese nutzlose und blöde Arbeit glücklich macht. Aber denke daran, dass wir jeden Nachmittag schwierige Proben haben, und du weißt ja, wie schwer deine acht Rollen sind."

Ich murmelte etwas von Ausgleich, frischer Luft und körperlicher Betätigung und ließ es vorläufig dabei bewenden. Es war mir fast lieber so, als komplizierte Erklärungen abzugeben. So ließ sie mich gewähren. Wichtig war nur, dass ich bei den Proben ständig anwesend war, denn ich hatte auch die Regie und außerdem kam der Kollege jeden Tag pünktlich. Trotzdem hörte ich alle paar Wochen wieder unangenehme Fragen wegen des „Swimmingpools“. Stella hat mir auch später zugegeben, dass sie glaubte, ich hätte einen Tick. Sie war überzeugt, es sei einfach unmöglich an dieser Stelle ein Becken zu bauen.

Aber sie hielt sich an unsere Abmachung. Ich übrigens auch betreffend der Proben. Später kam dann noch der eigentliche Regisseur dazu, der meine Arbeit unterstützte, so dass das „Felsenbad“ vorläufig ad acta gelegt werden musste. Ich musste außerdem noch einen Teil der Palmsämlinge, die ich aus aller Welt erhalten hatte, vor dem Herbst ins Freie setzen.

Weltpremiere mit Hindernissen

Wir mussten zwischendurch ein paar Mal nach Mailand fahren, wo der berühmte Kostümbildner Gianni Fiori meine Kleidungsstücke für „Die acht Millionäre“ anfertigte. Wir hatten sie bei ihm bestellt, weil die Verwandlungen so rasend schnell erfolgen mussten, dass dies nur geschehen konnte, wenn man bei einigen Szenen die Kostüme übereinander an- respektive auszog, und auch dafür waren etliche Proben nötig.

Stellas Garderobe wurde hingegen in Paris hergestellt, und da genügte eine einmalige Fahrt zur Anprobe. Später wurde alles nach München gebracht, wo Autor, Kostümbildner und Couturier natürlich auch anwesend sein wollten.

Die letzten Wochen mussten auch wir in die bayerische Hauptstadt übersiedeln, wo wir bei den Schwiegereltern wohnten, die „ihren Buam“ (Marco) abgöttisch liebten, so dass wir in dieser Beziehung keine Sorgen hatten.

Täglich wurde nun ununterbrochen geprobt, und zwar mit Kostüm und Maske – morgens, mittags, abends

Eine weitere verträumte Ansicht des Felsenbades, umgeben von einem Meer von Mittagsblumen, *Mesembryantheum*, inmitten von Palmen, Bambus, Bananen und anderen. Carolina „paddelt“ mit einem Gummiboot.

und manchmal auch nachts. Das war absolut notwendig, weil alles mit äußerster Präzision erfolgen musste. Ich hatte ja mit meinen acht Rollen fast doppelt so viele Umzüge sowie Änderungen der Stimme, des Dialektes, der Mimik, der Perücken. Wenn nur ein winziger Fehler vorgekommen wäre, hätte sich die Spannung verflogen oder ein großes Durcheinander gegeben. Kurz, die Vorstellung wäre geschmissen.

Die „Münchener Theaterzeitung" schrieb denn auch: „Der Schauspieler verkörpert die Verwandlungen so perfekt, dass der Zuschauer erst im 4. Akt merkt, dass er überhaupt mitspielt." Ich zitiere das nicht etwa aus Stolz, sondern um Ihnen zu zeigen, welche ungeheure Perfektion nötig war, um den Zuschauer vergessen zu lassen, dass die acht Rollen vom gleichen Interpreten dargestellt wurden.

Ich habe mir immer wieder vorgenommen, Ihnen nicht von meinem Beruf, sondern vom Garten zu erzählen, aber meist ist das gar nicht möglich, weil alles so miteinander verwoben ist. Trotzdem will ich es kurz machen. Es war ein großartiger Erfolg bei Publikum und Presse. Die Kritiken überschlugen sich, und wir spielten das Stück anschließend gesamthaft ca. 700 mal (!) in vielen europäischen Großstädten und auf Tournee.

Eine Episode muss ich aber noch erzählen, weil sie eine völlig unbeabsichtigte Reaktion auslöste und fast die Münchener Weltpremiere verpatzte. Die ganze Münchener Elite war versammelt, sozusagen „Le tout Munich", darunter die Generalkonsule von Frankreich und der Schweiz, die das Ehrenpatronat übernommen hatten. Die Stadtbehörden und natürlich auch meine ganze damalige Familie, das heißt Maria Schell, ziemlich am Höhepunkt ihrer internationalen Starkarriere, Maximilian Schell, der Oscar-Preisträger, und Immy Schell, meine jüngere Schwester und ebenfalls erfolgreiche Schauspielerin und mit dem österreichischen Fernseh- und Bühnendarsteller Walter Kohut verheiratet, sowie natürlich meine geliebte Mutter, dann meine Kinder aus erster Ehe Pia, Michaela und René.

Am Anfang des Stückes war eine Szene, in der ich dem Polizeikommissar mitteile, dass mich die anderen Erben (die ich im Verlauf der Handlung auch spielte) mit dem Tod bedrohten: Um es kurz zu machen, der Text hieß:

Jacques (in Todesangst): „Sie wollen mich umbringen."
Kommissar: „Wer?"
Jacques: „Meine Geschwister!"

In diesem Augenblick, wo bisher bei allen – auch öffentlichen – Proben sowie den zukünftigen Vorstellungen Hochspannung geherrscht hatte, brach plötzlich ein großes Gelächter aus, das schließlich in einen nicht enden wollenden Beifall umschlug, als der Beleuchter geistesgegenwärtig einige Scheinwerfer auf meine Geschwister im Zuschauersaal richtete.

Niemand hatte mit so etwas gerechnet. Die Spannung war natürlich abgeflaut, aber das Publikum wohlwollend konzentriert, so dass es mir gelang, es durch die kurz danach stattfindenden ersten Verwandlungen wieder in den Bann zu ziehen. Und schließlich wurde es ein Riesenerfolg, dem wie gesagt Hunderte von weiteren Vorstellungen folgten.

So spielten wir monatelang – Samstag/Sonntag zwei- bis dreimal – vor ausverkauftem Haus, bis ich schließlich nur einen Wunsch hatte: Wenigstens einmal einen Tag aussetzen zu können. Ich brauchte einfach Ruhe, frische Luft, Natur.

Mein Unfall

Nach langen Verhandlungen mit der Theaterleitung konnten wir uns schließlich auf einen Termin einigen. Da es zeitlich nicht gereicht hätte, ins Tessin zu fahren, stellte mir meine Schwester Maria, die damals in der Nähe von München auf dem Land wohnte, ihr Gästehaus zur Verfügung, was ich dankbar annahm.

Es war wunderschön. Wir fuhren frühmorgens von München los und dann streifte ich tagsüber durch den großen Park, zu dem ich auch einige Pflanzen aus meinem Garten beigesteuert hatte, die ich liebevoll begrüßte. Stella hatte sich bei mir eingehängt und wir sogen tief die herrliche Landluft ein, die wir so lange vermisst hatten. Dann gab es ein herrliches Mittagessen und anschließend einen erquicklichen Schlaf in der Sonne.

Nachmittags spazierten wir wieder ausgiebig und dann gab es ein feudales Nachtessen mit vielem ausgezeichneten Wein. Wir waren richtig glücklich und zufrieden – zu einer Zeit, wo wir normalerweise auf der Bühne stehen mussten – wir genossen die Getränke, schauten Fernsehen, faulenzten und durchlebten das „dolce fare niente", bis uns fast die Augen zufielen. Leicht besäu-

Silberblaue Palmenblätter und dahinter die Bananenblätter, die sich wie Flügel einer Elfe in der goldenen Dämmerung ausbreiten.

selt erhoben wir uns schließlich, verabschiedeten uns und torkelten ins naheliegende Gästehaus und dort über eine hölzerne Wendeltreppe hinauf ins Schlafzimmer, das raffiniert in einem balkonartigen Raum untergebracht war.

Mit großer Mühe zogen wir uns aus, lachten jedes Mal, wenn wir fast das Gleichgewicht verloren und einander in die Arme fielen, bis wir uns schließlich aneinander kuschelten und kurz darauf in einen Tiefschlaf fielen.

Stunden später – irgendwann in der Nacht – wachte ich auf. Das schwere Essen und die viele Flüssigkeit verursachten ein menschliches Bedürfnis. Schlaftrunken wandelte ich sachte, um Stella nicht zu wecken, tastete ich mich der Bettkante entlang in Richtung Toilette, wie ich es von unserer Münchener Wohnung gewohnt war und dann plötzlich: Ich stürzte, fiel vornüber – ins Endlose – schlug mit dem Kopf an irgendein Holz, stürzte weiter, drehte mich in der Luft und landete schließlich auf einem Steinboden, wo ich eine Weile regungslos liegen blieb, bis ich entsetzliche Schmerzen zu spüren begann, so dass ich wimmern und stöhnen mußte.

Stella schreckte hoch, machte sofort Licht und dann sahen wir die Bescherung: Die Wendeltreppe hatte nur auf einer Seite ein Geländer und darüber war ich gestürzt, was eine Drehung bewirkt hatte, so dass ich nur mit dem Ellbogen auf dem harten Stein aufgeschlagen war. Im Halbschlaf hatte ich vergessen, dass wir uns nicht in der gewohnten Umgebung in München befanden, und hatte mich geradeaus ins Leere getastet.

Es war furchtbar. Stella weinte und schluchzte, versuchte mir aufzuhelfen, doch ich hatte grässliche Schmerzen und konnte mich kaum bewegen. Aber ich spürte, dass ich wieder einmal einen Schutzengel gehabt hatte. Das Holzgeländer war das Glück im

Unglück gewesen, weil es den freien Fall gedämpft und die Richtung verändert hatte, sonst wäre ich wohl tot oder gelähmt gewesen. Ein Arzt kam. Man brachte mich ins Krankenhaus. Ich wurde geröntgt. Wie durch ein Wunder war nichts gebrochen, aber schwerste Prellungen am ganzen Körper. Mindestens drei Monate Bettruhe wurden mir verordnet, damit der Körper sich wieder regenerieren könne.
Aber ich musste ja unbedingt weiterspielen – bei monatelang ausverkauftem Haus. Ausgerechnet jetzt, bei unserem größten beruflichen Erfolg?
Ich musste weiterspielen. Es gab keine Alternative. Ich musste es wenigstens versuchen! Dann brauchte ich mir später keine Vorwürfe zu machen: „Ich muss", hämmerte es den ganzen Tag in meinem Inneren. Dann kam mir endlich eine Idee.
Ich besorgte mir kurzfristig acht Krücken – und dann ging's Schlag auf Schlag. Ich trat abends kurz vor der Vorstellung vors Publikum, erzählte, dass ich einen Unfall gehabt hatte und log dazu: „Aber keine Schmerzen" – und dass ich trotzdem spielen werde. Beifall!
Unter die Vorgeschichte des Stückes flocht ich ein, dass alle Familienmitglieder unter einer Erbkrankheit leiden. Sie müssen auf Krücken gehen. Das Publikum nahm es mit Wohlwollen auf, fand es eine gute Idee – einige von früher kamen sogar noch einmal, um sich die neue Version anzusehen.
Hinter der Bühne sah es jedoch ganz anders aus. Ein Arzt musste mir vor jeder Vorstellung Spritzen geben wegen der unsäglichen Schmerzen. Die vielen Kostümwechsel waren fast nicht zu bewältigen und nur unter Zuhilfenahme einiger Bühnenarbeiter, die Stella instruierte, soweit dies möglich war. Manchmal dauerte es länger, manchmal kürzer, um so mehr machte ich Witze und Extraeinlagen auf der Bühne. Hauptsache, das Publikum merkte nichts von meinen rasenden Schmerzen, sonst würde es mit leiden und die Komödie wäre im Eimer.
Es gelang mir, jeden Abend mit neuen Anstrengungen, aber es gelang. Und wiederum war es Stella, die mir die größte Hilfe und Stütze war.

Die Wilhelma in Stuttgart

Langsam besserte sich mein Zustand. Gleich nach München gingen wir mit dem Stück nach Hamburg und Stuttgart, wo ich endlich auf die Krücken verzichten konnte.
Hurra! Jetzt konnte ich mich auch wieder der geliebten Botanik widmen!! In Stuttgart verbrachte ich fast jede freie Minute in der „Wilhelma".
Die „Wilhelma" ist eine originelle Mischung aus botanischem und zoologischem Garten. Und sie hat auch ein großes Palmenhaus mit vielen Exemplaren. Hier waren Stella und ich fast dauernd zu Hause, so dass eine Stuttgarter Zeitung schrieb: „Als Carl Schell im Palmenhaus der Wilhelma zwischen schlanken Stämmen, kunstvoll gefächerten Blättern und dunstumhüllten Bananenstauden steht und zärtlich über die jungen Triebe eines tropischen Sprösslings streicht, war alles andere vergessen: Der Auftritt am Abend, die Bühne, das Stück. Hier ist er Palmenfreund mit Herz und Seele."
Und dann: „Die Stirn des Mannes, der jeden Abend das Publikum im Renitenz-Theater mit schauspielerischem Geschick zum Lachen bringt, ist in nachdenkliche Falten gelegt. Schade, dass nur wenige Menschen die paradiesische Schönheit der Natur wirklich sehen."
„Doch Resignation ist für den Bruder von Maria und Maximilian ein Fremdwort: Ich will den Menschen für diese Pracht die Augen öffnen! Und spontan kommt ihm eine Idee: Die Stuttgarter bekommen von mir eine Palme, die auch den kalten Winter in Europa überleben kann. Die Begeisterung des Künstlers springt über und infiziert auch Helmut Laukenmann, der die Gewächshäuser der Wilhelma betreut."
Ich habe tatsächlich bei anderer Gelegenheit eine *Chamaerops humilis* gebracht. Ob und wo sie gepflanzt wurde, ist mir allerdings nicht bekannt. Jedenfalls müsste sie zur Verschönerung des Außenteils mit den Tieren beitragen.
„Vielleicht kommt ein Stück meiner Lebensphilosophie unter jene Menschen, die immer nur den Wohlstand vor Augen haben", zitierte mich dann noch die Stuttgarter Zeitung, und ich möchte es unterstützen.
Wir verbrachten einen großen Teil unserer Freizeit in der Wilhelma. Aber auch sonst gefiel uns Stuttgart sehr gut. Wir haben uns mit den Schwaben prächtig ver-

Meine Palmen und Bananen lassen sich unter dem tiefblauen Himmel vom Südwind umfächeln.

standen. Ich wurde Ehrensenator verschiedener Karnevalsgesellschaften und schloss viele Freundschaften, die bis heute gehalten haben, denn die Schwaben mögen am Anfang schwierig sein, aber wenn sie dich mal ins Herz geschlossen haben, dann ist es für immer. Und als Theaterpublikum ist es das treueste weit und breit.

Gleich anschließend mussten wir nochmals nach München, wo ich wiederum verschiedene Rollen zu spielen hatte, aber diesmal in einem Film mit dem Titel „Tödliche Freiheit". Es ging hier um Rauschgiftprobleme und so spielte ich unter anderem einen Hippie, einen Pfarrer, einen Professor. Aber für die Verwandlungen hatte ich Gott sei Dank endlos Zeit, im Gegensatz zum Theater wartete die Kamera geduldig. Der Film hat übrigens später den Preis des „Festival du film court" in Nizza bekommen.

Das Paradies wächst von allein

Endlich, nach über einem halben Jahr kamen wir Ende April 1978 wieder nach Brissago! Es war unsagbar schön für unsere kleine Familie wieder in unserem geliebten Heim zu sein, umgeben von unserem Paradies. Unseren „Buam" hatten wir zwar auch in München täglich um uns gehabt, aber das war natürlich nicht das Gleiche, weil die Schwiegereltern auch dauernd da waren und wir aus beruflichen Gründen nur wenig Zeit für das Kind hatten.

Natürlich machte ich gleich am ersten Tag noch einen Rundgang durch den Garten, unseren Bub auf den Schultern und Stella an meiner Seite.

Unglaublich, wie alles gewachsen war, besonders einige neue Palmenarten, die *Chamaedorea microspadix* und *Chamaedorea radicalis*, zwei Fiederpalmen aus Mexiko, die ich vor der Abreise aus dem Treibhaus

Silhouetten von Palmen und Cordylinen gegen den See

genommen und an besonders schönen Stellen gepflanzt hatte. Sie waren ohne den geringsten Schaden durch den Winter gekommen, was mich – ich darf schon sagen – ein bisschen stolz machte, war ich doch einer der Ersten, der dieses Wagnis in Europa unternommen hatte. Endlich war es mir gelungen zu beweisen, was ich theoretisch schon immer vertreten hatte, nämlich dass es viel mehr Palmenarten gibt, die kälteverträglich sind, als allgemein angenommen.

Auch die anderen tropischen und subtropischen Pflanzen – Eukalypten, Akazien (fälschlicherweise meist „Mimosen" genannt), Lorbeerbäume, immergrüne Magnolien, Kamelien, Cornus und andere – waren bedeutend größer geworden, so dass der Garten schon damals recht ansehnlich wirkte. Es war mir aber zu riskant, um diese Jahreszeit im Sommer, neue Pflanzen zu setzen und so konzentrierte ich mich in erster Linie auf deren Pflege und natürlich auf die Arbeit für unser Felsenschwimmbad.

Und das war bei Gott nicht einfach! Stunden-, tagelang hackte ich aus der Felswand, die zum Glück spröde war – Gesteinsbrocken heraus, um sie auf der anderen Seite wieder aufzuschichten und mit Zement und Mörtel zu verbinden. Es war sehr heiß und der Schweiß rann über den ganzen Körper. So träumte ich, das Bad wäre schon längst fertig und ich würde zwischen den Felsen schwimmen. Stella tauchte von Zeit zu Zeit auf, betrachtete die Arbeit, aber ihre Skepsis wurde immer zurückhaltender. Trotzdem konnte sie es sich nicht verkneifen, zweifelnd zu fragen: „Du glaubst wirklich, dass diese Mauer das Wasser halten wird?"

„Ich bin überzeugt, denn die Mauer wird ja noch doppelt so dick. Wir werden sehen." Sie sagte nur noch: „Bitte komm pünktlich zur Probe." Letzteres bezog sie nicht auf ein neues Stück, sondern wir waren eingeladen, mit dem Erfolgsstück „Es bleibt in der Familie" in New York zu gastieren und meine Mutter war deswegen für ein paar Tage mit einem neuen Partner nach Brissago gekommen.

„Okay", sagte ich keuchend. „Ich höre sowieso gleich auf, denn ich muss vorher noch unter die Dusche."

Einige Monate ging das so weiter: Schwerstarbeit beim Felsenbad und wieder mal Proben, die aber für uns nicht schwierig waren, weil wir Routine hatten. So musste der neue Partner diesmal herhalten.

In New York

Alles lief vorzüglich, aber geglaubt habe ich es erst, als wir uns auf dem Flug nach USA befanden. In New York wurden wir feierlich empfangen. Das Ganze stand unter dem Patronat des Goethe-Institutes und des Schweizerischen Generalkonsuls, so dass auch eine festliche Premiere vorgesehen war. Wir gastierten im Marymount Manhattan Theater of Broadway und nach kurzen Verständigungsproblem mit dem amerikanischen Personal klappte alles vorzüglich.

Auch hier war die Premiere ein rauschender Erfolg, was mich nicht weiter überraschte, denn das Publikum ist auf der ganzen Welt doch sehr ähnlich. Merkwürdig, wieder im Oktober – ein Jahr nach der Weltpremiere von „Die acht Millionäre" in München. Sollte der Oktober unser Glücksmonat sein?

Meine Mutter war hingerissen. Ich erinnerte mich, wie sie früher mal in Europa ganz stolz verkündete „Maria spielt am Broadway" und nun war sie selbst da und in der Pause sagte sie ganz gerührt in der Garderobe: „Kinder, seid Ihr Euch bewußt? Wir spielen in New York!!" Dabei rannten ihr Freudentränen über die Wangen. Gott, bin ich froh, dass ich das meiner Mutter noch ermöglichen konnte. Sie hatte genug Schwieriges in ihrem Leben durchgemacht.

Leider konnten wir nur einige Wochen spielen, weil das Theater nur so lange zur Verfügung stand. Aber wir waren sehr glücklich, weil wir täglich ein ausverkauftes Haus hatten und auch die Presse war hervorragend. Außerdem hatte ich wieder einmal meine Verpflichtung erfüllt, jedes Jahr eine gewisse Zeit in den USA zu verbringen.

Während Mutti nach Europa zurückkehrte, flogen wir anschließend nach Detroit, um Stellas Schwester zu besuchen, die dort verheiratet war. Dann reisten wir auch nach Kanada und schließlich auf die Bahamas, wo ich auf einer Insel ein winziges Grundstück besaß, das ich einmal per Post gekauft, aber nie gesehen hatte.

Eine *Sabal palmetto*?

Zuerst verbrachten wir einige Tage in Nassau in einem Hotel direkt am Strand und vis-à-vis des berühmten Paradise Island, welches wir am nächsten Tag besuchten. Von dort nahm ich einen Ableger der seltenen tropischen *Agave Angustifolia marginata* mit, die sich –

Am Rande von „Arizona". Im Zentrum eine der schönsten Yuccas überhaupt, die seltene *Yucca rostrata*

obwohl sehr heikel – zu einem Prachtexemplar entwickelt hat und in meinem Garten steht.
Übrigens: Vor unserem Hotelfenster stand eine riesige Palme mit ebenso gewaltigen Blättern, die zweigeteilt, also costa-palmate waren (für den Laien: so ein Mittelding zwischen Feder- und Fächerpalme). Meine Frau war begeistert und seufzte: „So eine wunderschöne Palme sollte man bei uns zu Hause haben." Damals wusste ich noch nicht so gut Bescheid wie heute, aber ich tippte auf eine *Sabal palmetto*. Ich suchte die ganze Pflanze ab, fand schließlich sogar Samen, den ich später zu Hause im Treibhaus einpflanzte – und man glaubt es kaum – es bildete sich ein Sämling und heute haben wir in Brissago gleich neben der Eingangstür zur Terrasse eine stattliche Jungpflanze mit fast so großen Blättern.
Übrigens hat sich später herausgestellt, dass es sich nicht um eine *Sabal palmetto* handelte, sondern höchstwahrscheinlich um eine *Sabal miamensis*, die heute im Habitat als ausgestorben gilt. Irgendjemand musste die Mutterpflanze von Florida, um die Mitte des 19. Jahrhunderts in die Bahamas gebracht haben. Und jetzt steht ein Nachkömmling bei mir im Garten! Toll, was?
Später flogen wir dann nach Great Exuma, wo das Grundstück lag, nichts besonderes. Ich habe es später wieder verkauft. Aber auch von dort stammen einige meiner Pflanzen. Die meisten überdauerten den Winter im Gewächshaus und wurden im Frühling ausgepflanzt. Anschließend gastierten wir zum zweiten Mal mit „Die acht Millionäre" in Stuttgart. Wieder war es ein rauschender Erfolg. Alle meine treuen Freunde sowie deren Bekannte und Verwandte kamen, darunter Bürgermeister Dr. Rommel, Kultusminister Mayer-Vorfelder und die ganze Schickeria und natürlich alle meine Karnevals-Kumpanen. Es war wie ein nicht endenwollendes Familienfest. Und wie gesagt: Lieb waren die Schwaben. Einladung folgte auf Einladung und da dies meist nach der Vorstellung geschah, kamen wir kaum zum Schlafen.
Nach zwei Monaten waren wir ausgelaugt von so viel Liebenswürdigkeiten und fuhren reich beglückt mit den besten Erfahrungen zurück nach Brissago. Die ersten Tage und Nächte schliefen wir – so weit das mit dem Kind möglich war – fast pausenlos durch.

„Acapulco" wird fertig

Jedoch nun kam die wichtige Zeit, wo das Felsenbad endlich fertiggestellt werden sollte. Wieder schaffte ich Tag und Nacht allein in mühseliger Kleinarbeit. Aber dann mussten endlich auch Hilfskräfte her, und ich engagierte eine Spezialfirma, die den letzten Ausbau mit mir zusammen bewältigen sollte.
Es war hochinteressant. Die Leute von der Firma legten von der Straße oben den Abhang entlang bis zum Aushub einen großen dicken Schlauch. Dann wurden unzählige Eisengitter heruntergetragen und im Loch, welches ich in den Felsen hineingearbeitet hatte, miteinander durch Drähte verbunden, auch am Boden, überall im ganzen Becken, bis alles „vergittert" war. Und nun wurde der Spritzbeton oben gemischt und mit einer Maschine durch den Schlauch nach unten befördert, wo ein Arbeiter mit einer Art riesigen Pistole fluchend alles abspritzte, bis kein Eisen mehr zu sehen war. Ich sage absichtlich „fluchend", denn er hatte unzählige Flüche auf Lager, die ich noch nie gehört hatte, die aber ein Buch füllen könnten. Dabei klangen sie gar nicht so schlecht, weil sie auf italienisch waren und

obwohl ich die Sprache gut spreche, habe ich kaum etwas verstanden, außer dass sämtliche Heilige zitiert wurden, die aber wahrscheinlich schon daran gewöhnt waren, denn kein Blitz zuckte vom Himmel, noch passierte sonst irgendein Missgeschick.
Es sah zwar toll aus, aber eben wie Beton und nicht wie ein Felsen. Über das Wochenende studierte ich den Naturstein und fand heraus, dass er aus zahlreichen Farbschattierungen bestand, die man sonst kaum wahrnimmt: grau, ocker, rötlich, grünlich... So ließ ich von der Firma Zementfarben in diesen Tönen besorgen und siehe da: Es wurde zu „echtem Gestein"! Über Funk stimmte ich mit dem Wagen oben auf der Straße die Mischung ab und schließlich konnte man die Arbeit kaum noch vom Naturfelsen unterscheiden.
Ich war überglücklich. Mir war etwas gelungen, das ich noch nirgends gesehen hatte. Man könnte sogar sagen: Ein riesiges Kunstwerk! Aber es fügte sich so perfekt in die Umgebung ein, dass man es gar nicht sah. Stella sagte gar nichts. Sie war im wahrsten Sinne des Wortes

Feigenkaktus *Opuntia* in „Arizona"

sprachlos. Aber sie freute sich wie ein kleines Kind und umarmte mich reuevoll – eben wie ein Kind.

Zahlreiche Sukkulenten, Agaven und Yuccas bilden das Mittelstück von „Arizona".

„Arizona" unterhalb von „Acapulco"

Jetzt musste nur noch vorsichtig geputzt werden und dann das Ganze ein paar Wochen trocknen. Dann sollte es fertig sein. Wir nutzten die Zeit und fuhren zu Bekannten nach Monte Carlo, die wiederum den Direktor des berühmten Sukkulenten-Gartens von Monaco kannten. Dieser Garten liegt an einem Steilhang und beherbergt eine der größten Kakteensammlungen der Welt. Nachdem der Direktor von meinem Garten gehört hatte, schenkte er mir etliche schöne Exemplare dieser stacheligen Freunde, die alle ins Auto kamen und den Zoll leicht passierten, weil die Zöllner keine große Lust hatten, da hineinzugreifen.
Diese Kakteen bildeten den Anfang jenen Teil des Gartens, der später „Arizona" benannt wurde. Zufrieden landeten wir schließlich mit der neuen Ausbeute in Brissago, wo aber zunächst das „Schwimmbad" besichtigt wurde. Es sah fabelhaft aus und war von den umgebenden Felsen kaum zu unterscheiden. Trotzdem hatte ich das Gefühl, dass noch etwas fehlen würde. Ich überlegte: Wenn der Untergrund blau, grün, ja vielleicht sogar silbern schillern sollte, so müsste man ihn natürlich mit solchen Farben spritzen. Ja, diese Farben vermischen, und das bis zum Übergang mit dem normalen Felsen. Aber natürlich unregelmäßig und ineinander übergehend. Ich besorgte verschiedene matte

Farben in Spraydosen und arbeitete mehrere Tage. Gott sei Dank war das Wetter gnädig und weiterhin trocken, sonst hätte es eine grässliche Suppe geben können. So wartete ich einige Tage, bis alles trocken war, und dann kam der große Moment:

Ich lief nach oben ins Haus, öffnete den Hauptwasserhahn, lief zum Felsen hinunter, öffnete dort die entsprechenden Hähne und dann begann tatsächlich langsam Wasser ins Becken zu plätschern. Ein absolut unbeschreiblicher Moment. Einer der schönsten Momente in der Geschichte unseres Paradieses. Ich holte meine Frau und Marco. Sie war wieder einmal sprachlos (was selten vorkommt) und der Bub jauchzte vor Freude.

Lange standen wir und schauten bewundernd, wie sich das Becken langsam füllte. „Acapulco soll dieser Teil heißen“, sagte ich schließlich, weil es mir vorkam, wie die hohe Felswand in Mexiko, wo die berühmten Taucher von schwindelerregender Höhe ins Meer sprangen. Nun war es bei meinem Becken etwas weniger hoch, aber eine gewisse Ähnlichkeit ließ sich nicht leugnen.

Immer wieder schauten wir bewundernd in das köstliche Nass, dessen Rand langsam stieg. Ich schätzte, es würde mindestens noch einen Tag dauern, bis das Becken voll sein würde. Jedenfalls gingen wir langsam hinauf. Stella kochte ein köstliches Abendessen und mit einem Champagner prosteten wir uns zu.

Am nächsten Tag stand ich schon in aller Herrgottsfrühe auf und raste hinunter. Das Becken war dreiviertel voll und meine Gefühle hatten mich nicht betrogen. Im Plätschern des Wassers sah der Untergrund ganz natürlich aus, tiefblau, wie das Meer, langsam vermischt mit Grün, als wären Algen am Felsen gewachsen, herrlich und dann ins rötlich/ocker übergehend, genau wie der Felsen. Zwischendurch schimmerte es etwas silbern – unglaublich, von echt kaum zu unterscheiden.

Am Nachmittag war dann der große Moment. Wir stiegen langsam ins Wasser und schwammen wie im Meer. Der Kleine wurde in ein Gummiboot gesetzt und jauchzte. Über uns waren viele Palmen und Agaven, die ich schon früher gesetzt hatte. Ein richtiges tropisches Paradies. Es wurde abend, und ich schaltete die Unterwasserbeleuchtung ein, die ich an die Gartenbeleuchtung angekoppelt hatte. Es funktionierte, war

Ein heißer Tag ... Carolina schwimmt in „Acapulco“, der blauen Lagune.

unsagbar schön und einmalig. Die Wellen warfen die Schatten der Strömung an den Felsen – fast überirdisch. Ein Traum war Wirklichkeit geworden.

Die nächsten Tage hatten wir viel Besuch. Fast alle kamen, um sich das neue Felsenbad anzusehen und auszuprobieren. Die Schwiegereltern, Stellas Schwester aus den USA mit ihren Töchtern, meine Kinder aus erster Ehe, Oliver, der Sohn von Maria. Alle stürzten sich ins Wasser, einige besonders Wagemutige sogar vom oberen Felsenrand wie in Acapulco.

Abends entlockte die Beleuchtung ein großes Ah und Oh. Es wurde geklatscht wie im Theater. Champagnerpfropfen knallten. Man tanzte draußen und drinnen und, und, und. Stella und ich landeten als Letzte im Bett und – aber Sie wissen ja bereits, ich verrate nicht mehr.

Mein Garten wird zum Lebensinhalt

Die Gäste kamen und gingen, aber ich widmete mich immer mehr meinem Garten, der langsam, aber sicher zum eigentlichen Lebensinhalt wurde, aber auch immer mehr Gestalt annahm. Als nächstes widmete ich mich der nördlichen Seite, wo ich schon lange im Zentrum unter den Tannen, Fichten und Föhren eine kleine Almhütte bauen wollte. In Erinnerung an die Alm, die mir so viel gegeben hatte und von der die mitgebrachten Pflanzen teilweise schon recht groß waren, so dass man sich wirklich in Kärnten oder sonst wo fühlte, nur nicht im Tessin. Manche meinten sogar, diese Ecke erinnerte an Kanada oder Sibirien.

Wie das auch war, ich nahm mir vor, das dies meine nächste Arbeit werden sollte. Diese dauerte mehrere Monate, so dass wir erst wieder Weihnachten für eine paar Tage nach Hause konnten.

Dort war es warm wie im Sommer und eine *Bougainvillea*, die ich an der Hauswand gepflanzt hatte, war voller violetter Blüten, die sich fast wie Trauben in Büscheln herunterschmiegten. Einfach prachtvoll. Nur kurz konnte ich den Garten inspizieren. Es blühte bereits an vielen Stellen: Winterkamelien, japanische Kirschbäume und im nördlichen Teil bereits die ersten Schneeglöckchen und Primeln. Unfassbar: Zusammen mit der *Bougainvillea*. Und das alles in den Weihnachtstagen.

Das nächste Gastspiel fand in Zürich statt, ca. 180 km Autofahrt durch den Gotthard, und man konnte es kaum glauben, brr, war das kalt, so um die null Grad Celsius und nass mit Schneematsch, furchtbar.

Anschließend gings wieder kreuz und quer durch Deutschland. Die Kälte blieb, aber Gott sei Dank auch der Erfolg! Ostern kamen wir endlich wieder in unser geliebtes Tessin.

Ein Blütenmeer empfing uns in unserem Paradies, wie ich es noch nie gesehen hatte. Unser Bub nahm mich an der Hand und führte mich durch den Garten: „Schau Papi" – er sprach wie ein Erwachsener. Mein Gott, war der groß geworden. Ein richtiger junger Mann mit seinen fast neun Jahren. Ich fühlte mich ehrlich stolz. Wieder konnten wir nur einige Tage bleiben und schon gings wieder weiter auf Tournee mit „Die acht Millionäre". Trotz des wirklich großen Erfolges wurde es mir manchmal fast zu viel. Wie ich bereits erwähnte, musste ich jeweils vor der Vorstellung die Bühnenaufbauten sowie Einleuchtung, Lautsprecherproben usw. machen, wobei wir oft erst wenige Minuten vor der Vorstellung fertig wurden. Aber diesmal kamen – im Gegensatz zu früher, während des Ablaufs noch acht verschiedene Rollen mit sechzehn Umzügen – alles blitzschnell; außerdem die Verschiedenheiten in Sprache, Gestik und Mimik dazu, dann meist noch Interviews, anschließend eine Kleinigkeit essen, todmüde ins Bett fallen, ein paar Stunden unruhig schlafen und am nächsten Tag wieder Hunderte von Kilometern fahren bis zum nächsten Spielort.

Der Garten wuchs brav weiter

Nun, ich war selbst schuld. Ich hatte diese einzigartigen Verwandlungen unbedingt verwirklichen wollen. Aber ehrlich gesagt, so hatte ich es mir denn doch nicht vorgestellt. Meine Frau war meine größte Stütze. Sie half mit anderen Kollegen bei den Umzügen, soweit sie konnte – denn sie spielte selbst mit –, bei den Vorbereitungen, beim Ein- und Auspacken der Kostüme und so weiter.

Natürlich hatten wir auch viel Freude. Das Publikum war überall begeistert, man feierte uns, und wir gewannen viele neue Freunde. Trotz allem sehnte ich mich

Subtropische Flora entlang des „Mandarinenweges"

Eine weitere Ansicht von „Arizona"

immer mehr nach der Schönheit und der herrlichen Ruhe unseres Paradieses.

Leider starb mein Schwiegervater um diese Zeit und kurz darauf mein Schwager. Mit Mühe und Not konnten wir an den Beerdigungen in München und Wien teilnehmen, es war furchtbar. Dann hatten wir eine kurze Pause und fuhren sofort nach Brissago.

Das nützten wir natürlich in erster Linie, um unseren Garten wieder auf Hochglanz zu bringen, was gar nicht so einfach war, weil wir viel Besuch hatten und auch die Presse immer mehr Reportagen machte. Die Geschichte des einmaligen Gartens hatte sich herumgesprochen, und es ist ganz logisch, dass die Fotografen sich die Möglichkeit von besonders schönen Bildern nicht entgehen lassen wollten. So kamen sie alle: „Echo der Frau", „Goldenes Blatt", „Bunte", „Frau mit Herz", „Schweizer lllustrierte" und wie sie alle heißen.

Diesmal war die Einsamkeit kaum zu genießen. Aber es freute einen dann doch, wenn man die prachtvollen Aufnahmen sah und die entsprechenden Artikel las.

Leider rief der Beruf immer öfter. Wir hatten ein monatelanges Gastspiel mit Elke Sommer in dem Stück „Das Mandarinenzimmer". Gott sei Dank war es nicht meine eigene Produktion, so dass Stella und ich die Fahrten und unser Zusammensein genießen konnten.

Aber die Zeit raste. Immer mehr musste ich den Garten alleine lassen. Doch das störte ihn kaum. Er wuchs brav weiter, und wenn wir zwischendurch nach Hause kamen, hatten wir hauptsächlich mit Schneiden, Jäten und dergleichen zu tun.

Mitte 1981 hatten wir ein Gastspiel mit „Die acht Millionäre" in Köln, wo wir ein Haus außerhalb der Stadt mieteten in der Nähe von Lindlar, wo ich natürlich wieder einige Pflanzen für den nördlichen Teil des Gartens sammelte. Außerdem bekamen wir ein neues „Familienmitglied", nämlich einen Kakadu namens Chico, der in erster Linie Kölsch sprach und dauernd sagte: „Chico lieber Jung – ja, ja, ja." Beim „ja" nickte er jedesmal so überzeugend, dass er fast vornüberfiel. Ein ganz lieber Kerl, rührend anhänglich, sollte eine Überraschung für Marco sein, wurde aber zunächst mal eine für uns, weil wir die größten Schwierigkeiten am Zoll in Basel hatten, um ihn in die Schweiz einzuführen.

Nach einer Visite bei einem extra herbeigerufenen Tierarzt konnten wir schließlich ohne weitere Kontrolle einreisen. Chico bestätigte ihm und allen Zöllnern noch mehrere Male, dass er ein „lieber Jung" sei, woran schließlich niemand mehr zweifelte, so dass wir endlich vollbepackt ins Tessin fahren konnten.

Die Freude von Marco war unbeschreiblich. Immer wieder ließ er sich vom Kakadu bestätigen, wie lieb er sei, während Stella sich an die fälligen Arbeiten im Haus machte, und ich im Garten die Pflanzen aus der Umgebung von Lindlar setzte.

Der nördliche Teil des Paradieses

Inzwischen hatte der Garten seine endgültige Grundform erhalten.

Die Nadelbäume im nördlichen Teil bildeten bereits einen Jungwald, die Zypressen, Magnolien, andere Mittelmeerpflanzen im mittleren Teil waren sehr gewachsen, und an Palmen hatte ich bereits rund sieb-

zig Spezies, die überraschend gut gediehen. Es war eine wahre Freude.
Im Juni 1982 musste ich wieder nach New York, weil Garry Schoenfield, der Leiter des Schubert-Theaters am Broadway, außerordentlich interessiert war, „Die acht Millionäre" herauszubringen. Bekannte von mir hatten einen erstklassigen amerikanischen Autor Ronald Alexander vermittelt, der begeistert war, die US-Version zu schreiben. Wir arbeiteten zusammen einige Wochen, und ich hatte ein absolut gutes Gefühl dabei. Ilse und Henry Wolf, unsere dortigen Freunde, arrangierten viele „Parties", wo ich unter anderem auch Judy Garfield (die Tochter von John Garfield) kennen lernte, welche für die Frauenrolle vorgesehen war. Kaum war ich zurück, musste ich nach Frankfurt, wo ich zusammen mit meiner jüngeren Schwester Immy in der FS-Sendung „Zum blauen Bock" von Heinz Schenk und Lia Wöhr mitwirkte und auch „sang."
Dann hetzte ich weiter – Gott sei Dank – nach Brissago, wo wir auf dessen Insel einen Pilotfilm „il giardino maravgliose" drehten fürs Tessiner Fernsehen, und dann konnte ich endlich für eine Verschnaufpause nach Hause, wo Stella inzwischen den Garten vorbildlich gepflegt hatte. Das brachte mich auf die Idee, im nördlichen Teil des Gartens auch Obstbäume zu pflanzen. Ich besorgte also Äpfel, Kirschen, Johannisbeeren, Stachelbeeren, Aprikosen und weiter südlich Feigen. Heidelbeeren und Preiselbeeren hatte ich schon von der Alm mitgenommen, so dass zusammen mit Himbeeren und Erdbeeren eine schöne Auswahl zusammenkam. Natürlich wurde dieser „Obstgarten" so gestaltet, dass er sich ohne zu stören harmonisch in die bestehenden Pflanzen einfügte, ja sogar eine nord-südliche Verbindung schuf. Als ich endlich fertig war, geschah das Unfassbare.

Familienzuwachs

Zu Weihnachten teilte mir Stella mit, dass sie noch ein Kind erwartete. Ich war überglücklich und konnte nicht begreifen, dass ich unseren Obstgarten sozusagen intu-

Eine *Cordyline australis* zwischen Nord und Süd

itiv gerade rechtzeitig geschaffen hatte. Zur gleichen Zeit geschah noch etwas anderes Erfreuliches. Wir verkauften einen Teil des Grundstückes unter der Bedingung, dass dort Ferienhäuser gebaut würden sowie ein Aufzug, den alle benützen konnten, natürlich in erster Linie auch wir, womit das jahrelange Treppen steigen ein Ende haben sollte.
Zuerst hatte ich in monatelanger Arbeit eine Zufahrtstraße gebaut, aber musste dann leider aufgeben, weil ich eine weit ausladendere Kurve benötigte, die über ein Nachbargrundstück gegangen wäre. Der Nachbar wollte aber leider nicht verkaufen.
Wie dem auch sei. Die Lösung mit dem Lift war an und für sich noch besser, weil wir dadurch eine Privatatmosphäre erhalten würden, die zur Einmaligkeit des heutigen Zustands geführt hatte, umso mehr als wir bei dieser Gelegenheit noch einen Anbau für das Haus erstellen ließen, was uns auch einen großzügigen Eingang für unsere Gäste ermöglichte. Am 12. Juli 1983 war es so weit. Stella erklomm zum letzten Mal die Treppen nach oben hochschwanger, aber überglücklich und schenkte am 13. Juli 1983 einem entzückenden Mädchen, Carolina, das Leben im Spital von Locarno. Meine Mutter und meine Schwiegermutter kümmerten sich um Stella und das Kind.
Im August musste ich leider wieder weg wegen eines Vertrages, den ich für Bonn-Bad Godesberg abgeschlossen hatte für ein Stück mit dem bezeichnenden Titel „Ankomme Dienstag – stop, fall nicht in Ohnmacht".
An und für sich sollte meine Partnerin wieder Stella sein, aber so kurz nach der Geburt war das nicht möglich, also erklärte sich Heide Keller, die Stewardess vom „Traumschiff", bereit, die Rolle zu übernehmen bis Stella wieder spielen konnte.
Bad Godesberg ist eine liebliche Gegend, und ich mietete in Erwartung der Ankunft meiner Frau ein Häuschen mit Garten, der natürlich in kurzer Zeit voller Töpfe mit Palmen war, die man dort in einem Großmarkt günstig beziehen konnte. Im September kam Stella endlich und wurde außer von den Palmen von einem Meer von Blumen empfangen. Dann wurde eifrig geprobt und schon nach kurzer Zeit konnte sie die Rolle übernehmen.
Es war eine schöne Zeit in Bad Godesberg. Wir konnten tagsüber in der herrlichen Umgebung spazieren gehen. Ich bewunderte die schönen Pflanzen in den Parks, vor allem die riesigen Mammutbäume (*Sequoiadendron giganteum*), was mich bewog in der Umgebung bei einem Gärtner ein kleines Exemplar wie natürlich auch weitere Palmen für unseren Garten zu kaufen.

Pflanzenzuwachs

Als wir nach Hause kamen, widmeten wir uns natürlich in erster Linie unserem entzückenden „neuen" Baby, welches uns mit seinen tiefblauen Augen provozierend anschaute und uns in der Folge ganz schön in Anspruch nahm, vor allem meine Frau mit Fläschchen geben,

Mein Bruder Maximilian mit Katze Nestroy auf unserer Terrasse

Maria Schell mit ihrem Patenkind Carolina

Die ganze Familie bei Tisch zur Taufe von Carolina. Von links nach rechts: Mutter Margarethe, Carl, Maria, Schwiegermutter mit Carolina, Marie-Therese, Tochter von Maria, Marco und Stella.

Windeln wechseln und was es dergleichen mehr zu tun gab. Marco war bereits eine ganz ordentliche Hilfe, so dass ich mich langsam wieder um den Garten kümmern konnte. Der Mammutbaum wuchs schnell, ging aber dann anlässlich von Kanalisationsarbeiten ein, weil die Wurzeln verletzt wurden. Später habe ich ihn ersetzt, aber der Nachfolger gedeiht nicht so prächtig.
Auch eine stattliche Palme *(Washingtonia robusta)* brachte ich aus Deutschland mit, die inzwischen sehr groß geworden ist. Und dann natürlich all die anderen Palmen, die ich gekauft hatte, und fast alle stehen noch heute in meinem Garten.
Bei dieser Gelegenheit möchte ich noch erwähnen, dass ich seit Jahren ein Exemplar der Mazzari-Palme *(Nannorhops ritchiana)* gesucht hatte, ohne Erfolg. Diese äußerst kälteverträgliche Palme (bis -20° C) stammt aus den Bergen von Afghanistan, und ich telefonierte mit der afghanischen Botschaft in Bern, um wenigstens Samen zu bekommen.
Zwecklos. Ich suchte jahrelang weiter, bis ich endlich erfuhr, dass Martin Gibbons vom Palm Centre in London Samen anbot. Ich kaufte gleich ein Kilo, musste aber erfahren, dass nur wenige keimten und dazu Jahre brauchten.
Heute habe ich nur noch neun Stück, die fast alle immer noch die Größe von Sämlingen haben, mit einer Ausnahme. Ein einziges Exemplar hat sich zu einer stattlichen Pflanze entwickelt, die heute über einen Meter hoch ist. Ich erzähle das vor allem, um zu illustrieren, dass es manchmal enorme Geduld braucht, bis endlich ein Resultat zu sehen ist. Man bedenke: Diese Sämlinge sind alle rund fünfzehn Jahre alt und aus einem Kilo Samen ist eine einzige Palme entstanden, die diesen Namen auch verdient. Heute ist dies viel einfacher, weil die einschlägigen Fachgärtnereien mit viel Geduld und etlichen Tricks auch die seltensten Jungpflanzen ziehen. Außerdem war es bis dato äußerst schwierig, gerade aus Afghanistan Samen zu bekommen. Natürlich ist dies eine Ausnahme, denn im Großen und Ganzen wachsen die Pflanzen in meinem Garten sehr gut an. Klima und Boden scheinen ihnen zu behagen.

Television International

Dummerweise hatte ich wieder hochfliegende Pläne und gründete 1984 die TVI, Television International, den ersten deutschsprachigen Privatfernsehsender. Ich habe bereits in einem anderen Buch darüber berichtet, deshalb hier nur in Stichworten: Es war eine „Wahnsinnsarbeit" – tagsüber Aufnahmen, abends Talkshows, dann Sendung bis spät in die Nacht –, zwischendurch schneiden usw. Es war zwar ein großer Erfolg, aber ich stand ständig derart unter Druck, dass ich gesundheitlich darunter litt. Überlegen Sie mal: Ich musste die gleiche Leistung, wie ein großer Sender mit Tausenden von Angestellten erbringen, hatte aber nur ein paar Leute zur Verfügung. Es war einfach viel, viel, viel zu tun. Fazit: Ein Jahr war ich damit beschäftigt, und, wenn das Resultat auch bemerkenswert war, so glaube ich nicht, dass ich damit erreicht hatte, was ich wollte, nämlich nur positive und lebensbejahende Sendungen auszustrahlen, um dem pessimistischen Zeitgeist entgegen zu wirken. Aber lassen wir das, wenigstens vorläufig.

Auch der Garten wurde lange Zeit vernachlässigt, denn meine Frau wirkte bei TVI mit. Aber er nahm es mir nicht übel. Ich glaube, er freute sich sogar, mal längere Zeit unbeaufsichtigt zu sein. Nun war er so kräftig gediehen, dass ich sämtliche Wege neu mit dem Buschmesser verbreitern musste. Es dauerte recht lange, bis alles in die richtige Form gebracht war, aber dann musste ich wieder ein neues Stück suchen, denn die „Actors Equity" in New York hatte „Die acht Millionäre" abgelehnt unter dem Vorwand, in meiner Besetzung würde zu vielen amerikanischen Schauspielern der „Job" weggenommen. Ich hatte keine Lust auf eine Auseinandersetzung mit den Gewerkschaften und zog das Stück zurück. Da wir es aber in Europa schon fast überall gespielt hatten, ergab sich die Notwendigkeit, etwas Neues herauszubringen, um die vielen Theater, bei denen wir Erfolg gehabt hatten, nicht zu verlieren. Auch Sie, liebe Leser, wissen sicher, dass es beim „Show-Business" sehr schnell Veränderungen geben kann.

So entschlossen wir uns, ein bisschen „frei" zu machen, und flogen nach Mauritius und La Réunion im Indischen Ozean. Ich nahm etliche Stücke mit, die ich bereits vorselektioniert hatte und auf diesen Inseln in

aller Ruhe eingehend studieren wollte. „Denkste" von wegen „Studium der Stücke". In Mauritius wurde ich sofort von der Regierung eingeladen, die berühmten Gärten von „Pampelmousse" zu besichtigen und außerdem einen Teil der Insel zu besuchen, der noch Naturschutzgebiet war und in dem sich die Vegetation in ihrem ursprünglichen Kleid zeigt. Man bemühte sich sehr um mich, da ich anscheinend als „Palmenspezialist" inzwischen einen guten Ruf bekommen hatte, und ich durfte eine erst kürzlich entdeckte Palme im Habitat bewundern, von der es nur wenige Exemplare auf Mauritius und damit auf der ganzen Welt gab: *„Tectiphiala ferox"*. Eine unglaublich interessante Palme, haarig mit Stacheln und schwarzen Blattstielen. Natürlich konnte ich dieses äußerst rare Stück nicht

mitnehmen, aber man gab mir einen kleinen Strauch, der tatsächlich an einer geschützten Stelle in meinem Garten angewachsen ist, heute immer noch existiert und recht groß geworden ist. Man denke, ein Strauch aus Mauritius im Tessin und er lebt!

Auch in La Réunion wurde ich vom Forstdepartement außerordentlich herzlich empfangen. Natürlich bekam ich auch von dort Pflanzen, darunter eine Sisal-Agave, die jetzt in unserem Paradies an einer Mauer steht und schon viele Schösslinge hervorgebracht hat, die ich zum Teil verschenkte und zum Teil an der französischen Riviera pflanzte. Außerdem nahm ich noch eine seltene *Hyophorbe*-Palme sowie einen Schraubenbaum (*Pandanus utile*) und eine *Ptychosperma*-Palme mit, die ich aber alle vorsichtshalber zunächst im Innenschwimmbad setzte und gelegentlich mal draußen versuchen werde.

Also war wieder nichts mit „Stück aussuchen", aber ich hatte Glück. Auf dem Heimflug in die Schweiz fand ich genau das Richtige. Es war wiederum ein Verwandlungsstück wiederum eines französischen Autors, Pierre Chesnot, und war betitelt „Chez moi à cinque heures", was so viel wie „Bei mir um fünf Uhr" heißt. Das Überraschende dabei: Es war ein Zwei-Personenstück, wo sich die verschiedenartigsten Partner ineinander verlieben, bis sie endlich den Richtigen gefunden haben. Das Schönste dabei, diesmal spielten beide Partner Verwandlungsrollen, und ich war froh, das meiner Frau anbieten zu können, hatte sie doch bei all den anderen Komödien genügend gelernt, wie es geht. Und sie war natürlich begeistert.

Kaum zu Hause setzte ich mich mit dem französischen Autor in Verbindung, und es wiederholte sich das Procedere fast bis aufs i-Tüpfelchen. Ich übersetzte und bearbeitete das Stück. Wir probten jeden Tag in Brissago, was natürlich vieles erleichterte, weil wir uns auch um die Kinder kümmern konnten.

Diesmal verhandelte ich in erster Linie mit Stuttgart, vor allem weil uns die Schwaben nie enttäuscht hatten und das auch für Stella in ihrer ersten Verwandlungsrolle entscheidend war. Wieder bereiteten wir eine große Weltpremiere vor unter dem Ehrenpatronat des dortigen Schweizer und Französischen Generalkonsuls und Dr. Manfred Rommel, der Bürgermeister, und G. Mayer-Vorfelder, der Kultusminister, schrieben uns Geleitworte ins Programm.

Die ganze Schell-Familie ist zusammen

Am 16. Januar 1987 war der große Moment. Wieder war meine ganze Familie anwesend: Maria in einem prächtigen Brokatkleid, Maximilian mit seiner neu angetrauten Ehefrau Natascha, unser Immylein und meine Mutter sowie „le tout Stuttgart", alle im neuen Renitenz-Theater im damaligen Hotel SI (Stuttgart International). Stella und ich waren natürlich sehr nervös, nicht nur wegen der neuen Aufgabe, sondern vor allem, weil mein Sohn René aus erster Ehe kurz zuvor verstorben war unter sehr tragischen Umständen, über die ich hier nicht berichten möchte. Jedenfalls, wir schafften es. Das Publikum in Stuttgart war, wie immer, begeistert, die Presse etwas weniger, aber das lag in erster Linie am Stück. Immerhin von „sehr gut" bis wohlwollend, und bemängelte Längen habe ich später ausgemerzt.

Wir haben es in der Folge noch sehr oft gespielt vor allem auf Tournee und der Erfolg ließ sich absolut mit den früheren Gastspielen vergleichen. Aber es gab auch traurige Momente, nicht im Beruf, aber mit unserem Garten. Heftigste Regengüsse, plötzliche Erdrutsche, wir verloren etliche Pflanzen, die uns sehr ans Herz gewachsen waren. Aber wir verzagten nicht, ließen neue Stützmauern bauen, retteten einen großen Teil der Palmen. Aber es brauchte lang bis in diesem Teil des Gartens der ursprüngliche Zustand wieder hergestellt war. Wieder musste ich an die Tropen denken und an die „Hurricans", viel gefährlicher!

Auch in der Familie gab es Spannungen, über die ich aber jetzt nicht berichten möchte, weil sie sich inzwischen gelegt haben. Wirklich traurig war nur der tragische Tod meiner geliebten Schwester Immy am 13. August 1992; tragisch deswegen, weil ihr ein Heilmittel von einem Arzt verschrieben wurde, der aber vergaß, sie auf die Gefährlichkeit hinzuweisen. Als man diesen Fehler schließlich entdeckte, war es schon zu spät. Ich habe den Tod meiner Schwester nie richtig überwunden, weil sie mir sehr ans Herz gewachsen war. Aber für sie war es wahrscheinlich eine Erlösung. Sie war seit dem Tod ihres Gatten nur ein halber Mensch, und ich glaube, sie wollte ihm unbedingt nachfolgen.

Ein geheimnisvoller „Dschungel"

Ich werde nie vergessen, wie die beiden einmal auf Besuch in unserem Haus waren und am ersten Tag stundenlang am Felsenbad saßen Hand in Hand und die traumhafte Pracht des Panoramas in sich aufnahmen, ohne ein Wort zu sagen. Am nächsten Tag war es das Gleiche auf der Terrasse des oberen Stockwerkes. Mein Gott, nie vorher oder nachher habe ich Menschen gesehen, die mit einer solchen Inbrunst die einmalige Schönheit der Natur genießen und erleben konnten. Gott gebe es, dass sie irgendwo wieder glücklich vereint sind.

Wir waren zum Begräbnis in Wien und brachten einen kleinen Kater mit, den unsere Kinder unbedingt haben wollten. Ich betrachtete das winzige Wesen auch als eine Art Inkarnation meiner Schwester oder wenigstens als lebendiges Andenken, weil Immy die Tiere so sehr liebte. Es war sehr schwierig, ihn im Flugzeug mitzunehmen. Es brauchte drei Ärzte, die bestätigten, dass er gesund sei. Schließlich wurde er mit dem Mindestgewicht von „1 kg Katze" deklariert, so dass wir ihn in die Kabine mitnehmen durften, obwohl er kaum 150 Gramm wog. Aber der Bürokratie war Genüge getan und als er dann aus der Jacke meiner Tochter Caroline herauslugte und klägliche Miau-Laute von sich gab, waren die Mitpassagiere so gerührt, dass sie praktisch „Schlange" standen, um das winzige Wesen zu streicheln. Wir landeten, stiegen um und in der neuen Maschine spielte sich das Gleiche ab.

Ein Jahr später hatte unser „Katerlein" plötzlich heftige Bauchschmerzen, aber es war zu spät zum Tierarzt zu gehen. So beschloss ich, die Nacht im Keller mit ihm zu verbringen. Das war gut so, denn gegen Mitternacht kamen aus unserem „Kater", begleitet von heftigem Maunzen, plötzlich – eine nach der anderen – fünf allerliebste Kätzchen heraus, so dass ich schließlich merkte, dass unser „Kater" trotz der gegenteiligen Bestätigung von drei Tierärzten – eine „Katze" war. Na ja, so kann man sich irren, das erklärt aber, warum unsere Katze

Blüte der *Tecomarie capensis*

„Nestroy“ heißt, weil wir sie damals nach dem Lieblingsautor meiner Schwester Immy benannt hatten.

Eine tunesische Dattelpalme kommt per Helikopter

Das war eine Überraschung für Stella, der aber kurz darauf eine ebenso große Überraschung für mich folgte, nämlich eine riesige Dattelpalme aus Tunis (Bild nächste Seite), die mit dem Helikopter gesetzt werden musste. Das war das Geschenk meiner Frau zu einem runden Geburtstag, der zwar erst im kommenden November stattfand, aber in dieser Jahreszeit konnte man ein solches Geschenk nicht pflanzen. Natürlich freute ich mich sehr, denn diese Palme überragte alle anderen und heute ist sie eines der Prunkstücke in unserem Garten. Zwar hatte ich schon Dattelpalmen, aber nicht in dieser Größe. Aber immerhin, selbst aus einem Dattelkern gezogen, die ich kurz nach dem Kauf unseres Paradieses in die Erde gesteckt hatte, also vor über dreißig Jahren. Und siehe da im Folgejahr kam zuerst ein kleines Blatt, in den nächsten Jahren eine Jungpflanze und heute ist sie bereits über zwei Meter groß. Immerhin – aber doch nichts im Vergleich zu dem rund fünf Meter hohen Neuankömmling aus Tunis.

An der internationalen Gartenausstellung in Mailand kaufte ich dann eine ganz seltene *Yucca rostrata*, die scheinbar ein fast biblisches Alter hatte, aber vor allem sehr gut in die Ecke passte, wo die Sukkulenten daheim sind und die bei uns „Arizona“ heißt, weil die meisten der dort wachsenden Pflanzen aus dieser Gegend und aus dem Grenzgebiet mit Mexiko stammen.

Die Jahre 1994 – 1999

Im Januar 1994 gastierten wir mit dem neuen Stück im Bernhard-Theater in Zürich, welches ausgezeichnet beim Publikum ankam. Ich freute mich besonders für meine Frau, denn sie hatte enorme Fortschritte in den Verwandlungsrollen gemacht, so dass wir später nochmals nach Stuttgart zurückkehrten.

Dann hatte ich aber gesundheitliche Probleme. Das Herz musste mehrmals operiert werden. Dazu kam noch der Tod meiner über alles geliebten und verehrten Mutter am 29. November 1995. Das Begräbnis fand auf unserer Alm statt, wobei außer mir noch Maria und Maximilian teilnahmen, um ihr die letzte Ehre zu erweisen.

Ich war schwer angeschlagen, meine Familie auch. Die ersten Weihnachten ohne meine Mutter. Wir mussten uns ablenken. So buchte ich kurz entschlossen eine Schiffsreise in die Karibik für Stella, meinen Sohn Marco, Tochter Carolina und mich. Die Kinder waren inzwischen auch groß geworden und man konnte ja nicht wissen, was die kommenden Jahre bringen würden.

Wir hatten eine wunderschöne Kabine auf der „Costa Classica“ und besuchten die wichtigsten Inseln sowie die Dominikanische Republik. Trotz des reichhaltigen Programms konnten wir uns erstaunlich gut ausruhen. Aber natürlich brachte ich auch von dort einige Pflanzensämlinge für meinen Garten mit sowie eine Palme, die *Thrinax excelsa*, die ich vorsichtshalber im Innenschwimmbad setzte, wo sie jetzt noch gedeiht und mich an den Markt von Martinique erinnert.

Bevor ich Stella heiratete, war ich bereits „round the world“ mit dem Schiff gefahren und hatte einmalige Eindrücke gesammelt. Nun hatte meine Frau das Meer auch entdeckt, und so machte ich den Vorschlag, unser neuestes Stück auf einem Dampfer zu spielen. Von den kontaktierten Gesellschaften sagte die „Seetours“ in Frankfurt umgehend zu, so dass wir im März 1996 erneut in See stechen konnten, und zwar mit der „Arkona“, einem außerordentlich gemütlichen Schiff. Wir spielten an Bord unser Stück mit dem neuen Titel

„Ein scharfer Cocktail“ und die Passagiere – fast alles Deutsche – amüsierten sich köstlich und waren voll des Lobes. Stella lernte neue Orte kennen, wie Singapur, Thailand, Malediven, Seychellen, von denen ich – außer Letztere – alle bereits früher besucht hatte und ihr natürlich viel zeigen konnte. Auch diesmal hatte ich eine reichliche „Pflanzenernte“, die ich in der Kabine natürlich gut pflegen konnte.
Kaum zurück, teilte uns Marco mit, dass er bereits im Juli heiraten wollte, und obwohl es für uns überraschend kam, blieb uns nichts anderes übrig, als unseren Segen zu geben. Es war eine schöne Feier in Bern, und ich muss sagen –, zu unserer Überraschung dauert die Ehe heute noch an, und die beiden sind nach wie vor glücklich.
Anschließend wirkten wir an mehreren Fernsehsendungen mit, die uns nach Berlin, Hamburg, Dresden und anderen Städten brachten, und im Oktober 1999 stellte ich mein Buch „Wir waren vier“ auf der Frankfurter Buchmesse vor.
Kurz danach ließ ich mich in Zürich nochmals untersuchen und der Arzt riet zu einer weiteren Herzoperation, die dann nach einer Woche stattfand. Nun brauchte ich natürlich längere Zeit für eine Rekonvaleszenz.

Das Jahr 2000

Bereits Anfang 2000 konnte ich wieder arbeiten und machte zunächst eine Gartensendung für den SWF auf der Insel Mainau. Dort sah ich viele interessante Pflanzen. Es war höchste Zeit, dass ich mich zunächst wieder um unser eigenes Paradies kümmerte, und ich muss sagen, meine Frau hatte während meiner erzwungenen Abwesenheit volle Arbeit geleistet und mich hervorragend vertreten.
Dadurch konnte ich wieder einmal an ein bisschen „Ausruhen“ denken. Wir einigten uns mit Seetours, dass wir auf der „Arkona“ diesmal „Schauspielunterricht“ geben wollten, was gut zu der Reise passte, die jetzt ins Schwarze Meer, auf die Krim und nach Istanbul sowie zu den griechischen Inseln und nach Sizilien führte, wo wir unsere Arbeit mit Landausflügen in die antiken Theater verbinden konnten. Es war hochinteressant, und wie so oft lernten wir vielleicht mehr als unsere „Schüler“.

Kaum waren wir zurück, kam mein Bruder Maximilian auf Besuch und bestaunte unseren Garten. Er war noch nicht oft in unserem Haus gewesen – das letzte Mal vor mehreren Jahren – und war überrascht zu sehen, wie sich die Vegetation entfaltet hatte. Es waren schöne Tage, vor allem weil wir verschiedene Meinungsverschiedenheiten aus dem Weg räumen konnten.
Leider wurde er einige Monate später sehr krank und brach während einer Preisverleihung in Riga zusammen. Ich versuchte den ganzen Tag, ihn telefonisch zu erreichen, was äußerst schwierig war, weil ich weder lettisch sprach, noch einen Arzt fand, der englisch oder deutsch verstand. Schließlich mit Hilfe einer Bekannten gelang es mir, mit dem Chefarzt zu kontaktieren. Nach langem Warten konnte ich auch mit Maximilian sprechen, dem es leider außerordentlich schlecht ging. Er sollte sofort operiert werden, wollte das aber nicht. Nach langem Hin und Her wurde er schließlich nach München überflogen, wo Stella und ich ihn umgehend besuchten. Nachdem es ihm nicht besser ging, konsultierten wir die Ärzte, die ebenfalls sehr besorgt um ihn waren und eine Operation wenigstens versuchen wollten. Um es kurz zu machen. Er überlebte ohne Operation – Gott sei Dank – und heute geht es ihm wieder gut. Tja, die Krankheiten, das Alter, all das hat mich nachdenklicher gemacht. Wir kommen alle dran, aber wenn man jung ist, beschäftigt man sich nicht oft

***Butia*-Palme**

damit. Was solls? Jung bleiben möchte ich schon gerne, ewig jung, wie viele anderen auch, aber wie viele andere auch, weiß ich, dass es leider nicht möglich ist.

Die ganze Welt in meinem Garten

Unser Paradies wird uns überdauern, so hoffe ich, und ich hoffe auch, dass es zukünftigen Generationen Freude machen wird und ihnen zeigt, wie schön, wie unsagbar schön doch unsere Erde ist?
Der Garten wird täglich perfekter und hat sich zu einem botanischen Park entwickelt, immer mehr Besucher kommen aus allen Teilen der Welt. Nicht alle sind willkommen, nicht diejenigen, deren Hauptbeschäftigung es ist, nach Geld zu jagen, nicht die Gleichgültigen, die Überheblichen, die Eingebildeten – man könnte noch viele aufzählen, aber sagen wir lieber, welche Menschen willkommen sind: Die Hilflosen, die Einsamen, die Verlassenen, die Nachdenklichen, die Forschenden, auch hier könnte man noch viele aufzählen.
Jedenfalls ist unser Paradies nicht einfach zu finden, obwohl die meisten Leute davon gehört haben. Aber es liegt immer noch sehr versteckt, wie zu Beginn. Zwar führt ein Lift in unserer Abgeschiedenheit, aber eigentlich weiß niemand so recht, wo sich dieser Lift befindet. Und das ist gut so. Diejenigen, die wollen, finden zu uns.
Ich arbeite täglich weiter. Immer neue Pflanzen aus allen Kontinenten kommen dazu. Allein Palmen gibt es inzwischen über 120 Arten, mehr als auf vielen Inseln der Südsee. Das ist für unsere Breitengrade bedeutsam. Palmen waren immer meine Lieblingspflanzen. Vielleicht verkörpern sie das Paradies mehr als alle anderen. Jedenfalls gibt es kaum etwas Schöneres für mich als „ungestraft unter Palmen zu wandeln", in die Höhe zu blicken und majestätische Blätter als Silhouetten gegen den tiefblauen Himmel zu sehen.
Aber auch unter den rauschenden Wipfeln des nördlichen Teils zu sitzen, auf einem Bänklein vor der kleinen Almhütte, die ich inzwischen für Caroline aufgestellt habe, im Hintergrund die mächtigen Almen bei Sonnenuntergang zu betrachten, sich ganz hoch oben in den Bergen zu fühlen, hat etwas Berauschendes. Oder die fröhliche Mittelmeerseite mit ihrem typisch italienischen Einschlag oder die „Nasch-Seite", wo die Enkel jetzt die frischen Früchte genießen können, während wir langsam den Hobel hinlegen müssen.

Das Wahrzeichen unseres Paradieses: Die Dattelpalme *Phoenix dactylifera.*

Die Natur sprießt weiter, in einmaliger Pracht! Gebe Gott, dass es so bleibt, dass die Menschen diesen herrlichen Planeten nicht zerstören können.

Mein größter Wunsch ist, jemanden oder irgendeine Organisation zu finden, die dafür sorgen, dass mein Paradies der Nachwelt erhalten bleibt, denn in wenigen Jahren schon werden einige Spezies, die hier gedeihen, vielleicht ausgestorben sein und in vielen Jahren?
Es wäre schön, wenn es dann noch einen winzigen Ort gäbe – quasi als Erinnerung –, „wo die ganze Welt in einem Garten" zu sehen wäre. Wenn man alt wird, macht man sich halt Sorgen, aber nicht nur für sich selbst, sondern auch für die Zukunft von uns allen. Mit solchen Überlegungen habe ich mal geschrieben:

„Immer rascher eilt das Leben, Zukunft wird Vergangenheit. Heut zum Gestern, kaum begriffen, wird die Zeit zur Ewigkeit."

Vom Norden

zum Süden

Von „Sibirien“ nach „Amerika und Europa“

Es herrscht dichter Nebel. Ich lehne an einer großen Kiefer an der Beringstraße und schaue ins Nichts. Ich glaube aber die endlose Weite und Einsamkeit Sibiriens zu verspüren, die mich melancholisch stimmen und traurige Gedanken in mir wachrufen – Erinnerungen an die Zeiten der Sowjetunion, wo hier in diesen grenzenlosen Gebieten unzählige Menschen umgebracht wurden: Kaltblütig, grausam und erbarmungslos.
Ich frage mich, wozu sie gelitten haben und sterben mussten – sinnlos? Natürlich finde ich keine Antwort.
Genauso, wie ich nie eine Antwort bekommen habe auf die Frage nach den anderen Millionen und Abermillionen von Toten, die ebenso sinnlos gestorben sind im Laufe der Jahrhunderte auf der ganzen Welt durch Haß, Gewalt und Krieg – und ebenso sinnlos heute sterben in Afghanistan, im Nahen Osten, in Indien und Tschetschenien und, und, und. Die Stille ist unheimlich. Sie lastet auf mir, drückt mich nieder, wirft Fragen auf nach dem Sinn des Seins.
Da! Plötzlich lichtet sich der Nebel und damit auch meine trüben Gedanken. Ein Sonnenstrahl durchzuckt das Grau und dringt bis in mein Inneres, weckt wieder die ewige Hoffnung, die stets in mir schlummert und als unermüdliche Triebfeder mein Leben bestimmt.
Auf der anderen Seite der Beringstraße sind die Umrisse einer amerikanischen Weymouthkiefer zu erkennen. Ein Windstoß fegt die restlichen Nebelfetzen, und ich sehe unter mir die kleine Holzhütte, welche die Besucher aus Amerika „Canadian hut“, die Europäer spontan „Daschka,“ und ich selbst liebevoll „Almhütte“ nenne, letzteres in Erinnerung meiner Kindheit, die ich mit meinen Eltern und Geschwistern jeden Sommer auf einer Alm in Kärnten, Österreich, verbracht habe. Dort wohnten wir in einer Jagdhütte, die mich dazu inspiriert hat.
Jetzt bricht die Sonne mit voller Kraft durch eine höher liegende Wolkenwand und strömt in mein Herz, so dass alle Spuren der traurigen Gedanken verscheucht werden, ich die frische Luft tief einatme und mich an der prachtvollen Natur erfreuen kann, die sich nun in verschwenderischer Fülle rings um mich ausbreitet.
Ich stehe im Norden meines Gartens an der Stelle, die ich „Beringstraße“ getauft habe, weil auf der einen Seite eine Kiefer wächst (*Pinus sylvestris*), die ursprünglich aus Neurasien stammt, wo sich riesige Wälder mit solchen Bäumen von Skandinavien nach Osten bis zur Beringstraße erstrecken, während auf der anderen Seite eine gleich große Weymouthkiefer (*Pinus strobus*) steht, ein Vertreter des Waldgürtels, der von Ostkanada bis Alaska reicht. Mag sein, dass es vielleicht etwas kindisch anmutet, die meisten Teile meines Gartens nach der Herkunft ihrer Pflanzen zu benennen, aber so bin ich eben mal.
Vielleicht nicht gerade „kindisch“, jedoch bestimmt „kindlich“, weil ich mir die Freude und Spontanität meiner Kindheit bewahrt habe, was mich auch veranlasst hat, diesen Garten zu schaffen, von dem ich Ihnen jetzt erzähle. Außerdem freue ich mich, dass meine kindlichen Gefühle alle negativen Überlegungen ver-

Nördlicher „Urwald“ mit einer wunderschönen *Tawania cryptomerioides*, aus dem Hochgebirge von Taiwan

drängen und wieder einmal einer unbändigen Lebensfreude Platz gemacht haben.
Sinnbild dieser Lebensfreude ist auch die riesige senkrechte Lärche (*Larix europaea*, syn. *Larix decidua*), die sich direkt oberhalb von mir erhebt und die ich vor über dreißig Jahren als kleines Bäumchen im Topf von besagter Alm gebracht und gesetzt habe und die inzwischen über 20 (!) Meter hoch ist und bestimmt zu einer der schönsten Lärchen rund um den Lago Maggiore gehört.
Jetzt im strahlenden Sonnenschein dominiert sie in brillantem hellgrün den nördlichen Teil des Gartens, umgeben von einer dunkelgrünen Nordmannstanne (*Abies nordmanniana*) aus dem Kaukasus und einer silbrig glänzenden Weiß- oder Blautanne (*Picea pungens*) aus Colorado. Schön, wenn auch die Menschen aus so verschiedenen Teilen der Welt so friedlich nebeneinander existieren könnten.
Das bisschen Hoffnung in meinem Innern sagt mir, dass es bestimmt eines Tages so weit sein wird, und obwohl ich auf mein zaghaftes „Wann?“ keine Antwort spüre, überwiegt die Freude über den plötzlich so schön gewordenen Tag, und ich wandere langsam auf dem Weg, der mich zur Hütte bringt.

Canadian hut, Daschka, Almhütte

Rechts unten liegt ein Beet mit blühenden sibirischen Bergenien (*Bergenia crassifolia*) sowie echt österreichi-

Ein schönes Exemplar der chinesischen Spiesstanne *Cunninghamia*

Meine geliebte Lärche von der „Alm“, die ich in einem kleinen Topf vor über dreißig Jahren hierher gebracht habe und die heute über 20 m hoch ist (und zu den schönsten Lärchen des Lago Maggiores zählt).

schen Heidelbeeren (*Vaccinium myrtillus*) und Preiselbeeren (*Vaccinium vitis-idaea*), die ich von der Alm in Kärnten mitgebracht habe, wo meine Kindheit damit versüßt wurde. Links von mir ist ein Spalier ehrwürdiger Fichten (*Picea abies*), ebenfalls von unserer Alm, deren märchenhaftes Rauschen im Wind mich schon als kleinen Buben bezauberte und die Ehrfurcht vor der Natur in mir erweckte.
Und nun stehe ich vor der Hütte, öffne die Türe, trete ein und schon umfängt mich eine ganz andere Welt: Die Welt meiner Tochter Carolin. Michael Jackson grinst von der Wand, daneben ein von ihr vor langer Zeit gesprayter Außerirdischer, der mich mit seinen schwarz-roten Augen melancholisch und doch spitzbübisch fixiert. All das umgeben von Karatediplomen, Haschplakaten und zahlreichen Abbildungen tätowierter boys und girls aus allen möglichen Ländern.
Für Carolin hatte ich diese Hütte vor etlichen Jahren gebaut in der Hoffnung, dass die romantische Umgebung sie ebenso beeinflussen würde wie mich. Na ja,

AUSSICHTSPLATZ
PALMENPL.
ALOENWEG
BUTIAWEG
AKAZIEN-PLATZ
CASA ESPE
RESIDEN
WEST
BAMBUSWALD
AHORNWEG
CAMELIENWEG
MARCOS HÜTTE
JUBEA Platz
CORDYLINE WEG
ECUADOR
PANORAMAWEG
MANDARINENWEG
MAGNOL PLATZ
PALMENWEG
CALIFORNIEN TERASSE
Azaleenhang
GR. PALMENALLEE
ACAPULCO-FELS
BLAUE LAGUNE
TAHITI TERASSE
SEYCHELLENWEG
LAGASTROMIAWEG
MAGNOLIENWEG
BAUMFAR
COCOS PALMPL.
BAMBUSWALD
WASHINGTONIA
CAESALPINAWEG
BUTIA ECKE
EUKALYPTUS-ECKE
BRASILIANISCHER Jungel
ARIZONA-MEXICO KAKTUSECKE
YUCCA ROSTRATA
AGAVENHAIN
SUKKULENTENWEG
TRACHYCARPUS E
MAGNOLIEN-ECKE
MIMOSENWEG
KAMPFERPLATZ
ZYPRESSENPL.
TRACHYCARPUSWEG
RASTPLATZ
INDISCHER JUNGEL
OLEANDER ECKE
SOUTHENDWEG
SÜD
GINGKO WEG
ARAKAURIERWEG
AUSTRALIEN
NEW ZEALAND
IRIS JAPONICAWEG

beeinflusst wurde sie bestimmt, aber eher vom Geist unserer Zeit, von der Schule, vom Computer, vom Fernsehen, von der Hektik des modernen Lebens. Aber obwohl der Ausdruck dieses modernen Lebens an den Wänden hängt, so streichelt sie doch auch das warme Holz der Zwischenräume, lässt sie die Probleme ihrer Jugend ungestört definieren und erkennen, daß Leben auch Bestimmung heißt.

Und ihre Bestimmung ist Gott sei Dank auch die Kunst. Anders als bei uns Eltern, aber doch das Schöpferische, Gestaltende: Carolin will Kunstmalerin werden. Mit all ihrer Leidenschaft, Energie und unbändigem Ehrgeiz. Und sie ist begabt, sehr begabt sogar und dazu noch fleißig, hat sogar schon viel erreicht für ihr zartes Alter.

Natürlich klingt ein bisschen väterlicher Stolz bei dieser Feststellung mit. Aber ist das nicht verständlich nach einer Zeit bangen Wartens, Beobachtens voller Hoffnung? So hat diese kleine Hütte, die ja in erster Linie für sie bestimmt war, auch dazu beigetragen, sie zu formen, als sie hier einen wesentlichen Teil ihrer jungmädchenhaften Einsamkeit verbringen und ihre stillen Entschlüsse überdenken und reifen lassen konnte.

Erinnerungen

Ich setze mich auf das winzige Sofa und schaue durch die offene Tür ins Freie. Sobald mein Blick die Fichten streift, kommt die eigene Kindheit wieder zurück. Wie schnell ist doch die Zeit vergangen.

Irgendwann werde auch ich dran sein. Das sage ich nicht aus Furcht, eher aus Ergebung. Aber noch ist es nicht so weit. Noch sinniere ich in meinem Garten und schaue aus der Hütte, die unserer Almhütte nachempfunden ist. Meine Mutter schrieb in ihrem Buch „Mutter ist die schönste Rolle": „Carl, den eine tiefe Liebe zur Natur beseelt, sagt: Der Anfang von allem war das Leben auf der Alm." Und das stimmt: Meine tiefe Liebe zur Natur, zur Schöpfung habe ich auf unserer Alm empfangen. Ich erinnere mich noch ganz genau, als ob es gestern geschehen wäre. Ich mag erst einige Monate alt gewesen sein, da lag ich in meinem Körbchen vor der kärnterischen Almhütte und schaute in den lichtblauen, unendlichen Himmel, unter dem Hunderte

Plan meines Paradieses

Blick auf den oberen Teil des Hauses gegen Norden mit den sommerlichen Alpen im Hintergrund

von kleinen, weißen Wolken vorbeizogen und sss ... Hummeln und Bienen dicht um die Ohren summten. Da hatte ich ein Glücksgefühl, wie ich es nie wieder verspürt habe. Es gibt gelehrte Leute, die streiten sich darüber, wie weit sich ein Mensch zurückerinnern kann. Ich lasse sie weiter streiten. Ich weiß jedenfalls, dass ich nur wenige Monate alt war, als ich dieses erste Bild der Natur sah, welches sich unauslöschlich in mein Inneres und mein Leben geprägt hat.

Meine Mutter lebt nicht mehr – sie war lange der Mittelpunkt meines Lebens. Nicht nur weil sie es mir geschenkt hat, sondern unendlich viel dazu, vor allem sehr viel Liebe, Geborgenheit und mütterliche Wärme. Sie war und ist für mich das große Vorbild, ein Bild, das Vertrauen, Kraft und Hoffnung ausstrahlt, Eigenschaften, die mich zu dem gemacht haben, was ich geworden bin, und wegbestimmend sein werden für die Zukunft, die mir noch bleibt.

Unsere Kindheit, meine Geschwister

Auch das Leben meiner Mutter war weitgehend von dieser Alm geprägt. Und meine Schwester Maria Schell, international anerkannt als eine der großen Darstellerinnen unserer Zeit, äußerte sich folgendermaßen in ihrem Buch „Die Kostbarkeit des Augenblicks“: „Die Alm in Kärnten, meine Welt, meine Heimat – Bausteine. Die Hütte – der weite Blick über das gesamte Lavanttal. Auf der einen Seite bis in die Steiermark, auf der anderen Seite bis in die Karawanken. Schon an der jugoslawischen Grenze. Weiche, hügelartige Berge. Es ist seltsam, dass wir vier Kinder Maximilian, Immy, Carl und ich mit denselben Eltern in derselben alten Jagdhütte, mit denselben Hügeln und Wäldern herangewachsen, denselben Weihnachten, Gerüchen, Erinnerungen – jeder ein anderes Leben zu erzählen weiß, mit anderen Freuden und ganz anderen Wunden.“

Worte einer großen Persönlichkeit, die heute ihren Lebensabend auf unserer Alm verbringt. Ob glücklich oder nicht, wage ich nicht zu beurteilen, denn sie fühlt sich krank und schirmt sich von der Außenwelt ab. Trotzdem scheint sie auf ihre Art das Glück gefunden zu haben, das Glück der Einsamkeit und Beschaulichkeit, das auch ihr diese Alm gegeben hat. Jedenfalls hatte ich diesen Eindruck bei meinem letzten Besuch.

Winterlicher Laubwald

Und jedes Mal, wenn ich mit ihr telefoniere, sagt sie immer wieder, dass es ihr gut geht und dass sie glücklich ist.
Möge Gott geben, dass sie auch so empfindet. Ich würde es ihr von Herzen gönnen, denn sie darf mit ihrem Lebenswerk wirklich zufrieden sein, wenn man bedenkt, dass sie damit unzähligen Menschen Freude gemacht hat.
Die Sonne steht jetzt viel höher, scheint mir direkt ins Gesicht. Die Wellen des Lago Maggiore spiegeln das Licht und steigern seine Intensität, so dass ich kurz die Augen schließe.
Da fällt mir mein Bruder Maximilian ein, mit dem ich als Kind auf der Alm oft „Autobus" gespielt habe. Dies war das einzige Verkehrsmittel, welches zu dieser Zeit eine knappe Stunde von der Alm entfernt, zweimal pro Tag zirkulierte und über die schmalen, holprigen Wege fuhr, uns aber damals genauso mächtig imponierte, wie der heutigen Jugend die Raumschiffe. Jedenfalls rannten wir oft unablässig bergauf und runter, wobei wir mit lauten „rrrrr" Gekrächze die verschiedenen Gänge des Fahrzeugs imitierten und von Zeit zu Zeit das Hupen des Posthornes nachahmten.
Die Unbeschwertheit des Laufens, das rasche, tiefe Atmen in der sauberen Luft tat uns gut, ließ uns aber manchmal erschöpft in die Wiese fallen und mit halb-

Der gleiche Laubwald im Sommer

Blick gegen Norden, mit den Brissago-Inseln im Hintergrund. Man beachte den sanften Übergang von nördlicher zur südlichen Flora.

geschlossenen Augen die Sonne genießen, wobei wir oft die merkwürdigsten Gebilde sahen. Mein Bruder schrieb in seinem Werk „Der Rebell": „Früher – oft manchmal – schloß ich die Augen, in der Sonne liegend und schaute gegen das Licht mit geschlossenen Lidern. Da entstand eine fantastische Landschaft mit flüchtigen Strukturen, Gebilde die sich ständig veränderten. Wenn ich mich auf eines dieser Gebilde konzentrierte, schien es stehen zu bleiben – oder kroch nur langsam dahin. Manchmal veränderten sich die Farben – meist Rot, Orange oder Gelb, und ein kleiner dunkler Fleck wanderte langsam darüber hin, dem mein Blick folgte, bis ich merkte, dass der kleine Fleck Bestandteil des eigenen Auges war. Vielleicht Staub, ein winziges Staubkorn, vielleicht ein Fragment einer Ader."
Inzwischen hat auch Maximilian eine große internationale Karriere als Schauspieler und Regisseur gemacht, wurde mit vielen Preisen geehrt. Aber mir bleibt er in schönster Erinnerung auf der Alm, wo man sich gegenseitig brauchte und ergänzen konnte, wie nie mehr später.
Und unsere jüngste Schwester, die leider viel zu früh verstorbene Schwester Immy – Gott, war sie als kleines Mädchen süß. Ich erinnere mich an eine Szene, wo uns unsere Mutter wegen irgendeines Bagatellstreiches ins

„Kreuzverhör" nahm, wobei Maria, Max und ich „empört" behaupteten: „Also, ich war es nicht, Mutti, darauf könnte ich einen Eid ablegen", worauf unser Immely, die erst knapp sprechen konnte mit der gleichen empörten Betonung sagte: „Immy kann's auch ein Ei ablegen." Wir waren unsagbar glücklich, alle vier auf dieser Alm: Beim Spielen, beim Schaukeln, beim Heidelbeeren pflücken, beim Kirschen vom Baum naschen, beim Ostereiersuchen und all diesen kleinen Freuden, die für uns große waren, weil wir die Ansprüche der heutigen modernen Menschen gar nicht kannten.
Aber auch meine Kinder aus erster Ehe sowie die Kinder von Maria und Maximilian empfanden dieses merkwürdige Glück, das die Alm ausstrahlte und auch ihr Leben begleitete. Das sagen sie immer wieder, wenn man sich trifft, und zudem kommen sie in den Ferien so oft wie möglich auf die Alm zurück.
Tja, habe ich nicht gesagt, ich hätte hier im Tessin die Hütte für meine Tochter gebaut? Nun, um ehrlich zu sein, ich habe sie auch ein bisschen für mich selbst gebaut, um das Fluidum der Kärntner Alm auch auf meinen Garten zu übertragen: „Aux recherches des temps perdus ...". „Auf der Suche nach der verlorenen Zeit". Letzteres gilt natürlich auch für die anderen Teile des Gartens. Jede Ecke erinnert mich an irgendeinen Zeitabschnitt in meinem Leben. Ich bin sehr viel gereist – in viele Länder dieser Erde – und habe überall und immer wieder viel gelernt. Und daran denke ich, wenn ich durch den Garten wandere.

Die Riesen der Zukunft in meinen Garten

Eine leichte Brise aus Norden klart die Luft, so dass man bis tief in die lombardische Tiefebene sehen kann. Ich trete hinaus, schließe die Hütte und wandere langsam weiter. Rechts neben der Hütte steht ein Mammutbaum (*Sequoiadendron giganteum*). Er ist nicht sehr groß, denn ich habe ihn erst vor wenigen Jahren gesetzt, nachdem ein anderer, dessen kräftiger Stamm schon mehrere Meter hoch war, von unverständigen Arbeitern beim Legen einer Wasserröhre an der Wurzel verletzt wurde und eingegangen war. Ich war damals wegen dieses Verlustes sehr traurig und es blieb mir nichts anderes übrig, als das schöne rote Holz zu zersägen. Und jedes Mal, wenn ich im Winter einen Scheit ins Kaminfeuer schob, so tat ich das sehr feierlich mit wehmutsvollen Gedanken an das kurze Leben dieses jungen Baumes, der in seiner Heimat in der nördlichen Sierra Nevada von Kalifornien 100 Meter hoch (!) und bis zu 4000 Jahre (!) alt werden kann. Merkwürdig, dass sein Wurzelwerk in jungen Jahren so sensibel ist.
Gott sei Dank habe ich auf der anderen Seite der Hütte noch seinen Vetter, den Küsten-Mammutbaum (*Sequoia sempervirens*) – in dessen Nähe ich allerdings nie eine Wasserleitung legen lassen werde. Der Unterschied der beiden ist nur im jugendlichen Wachstum beachtlich, so sind die Nadeln des ersteren eher wie kleine spitze Schuppen, während sie beim letzterem größer und glatt sind, was eher einer Tanne oder noch besser einer Eibe gleicht.
Trotzdem haben beide vieles gemeinsam, vor allem ihr sagenhaftes Alter, ihre unglaubliche Höhe, wenn sie erwachsen sind, und natürlich die Breite ihres Stammes. In der Sierra stehen tatsächlich Exemplare, durch die man mit dem Auto durchfahren kann. Ich habe gelesen, dass die Nachforschungen des amerikanischen Dendrologen Rutherford Platt ergeben haben, dass der größte aller Mammutbäume seinen tiefsten Ast rund vierzig Meter über dem Boden trägt, der wiederum 1,80 m Durchmesser hat (!) und 45 m lang ist. D.h., allein dieser Ast ist länger als die größte Ulme der Welt!
Nun, all dies werden die Bäume in meinem Garten wohl kaum erleben. Vor allem wenn man bedenkt, wie grausam die Menschen die Natur zerstören. Aber man soll die Hoffnung nie aufgeben. Nachdem ich nun mal gerne träume, bin ich schon zufrieden, dass ich diese Bäume überhaupt in meinem Garten habe und male mir beim Vorbeigehen aus, ich wäre irgendwo im Norden Kaliforniens an einer lichten Stelle dieser Urwälder und stünde vor einem Nachwuchsbaum. Übrigens ein Kompliment an dieser Stelle an die Bürger von Weinheim an der Bergstraße, wo diese „Big trees" sogar forstwirtschaftlich angebaut werden und inzwischen rund 50 m Höhe erreicht haben. Auch in Bad Godesberg habe ich einige wunderschöne Exemplare gesehen. Fazit: Meine Hoffnung muss nicht unbedingt umsonst sein. Zunächst kommt es wohl sehr darauf

Unsere geliebte „Almhütte" im nördlichen Teil meines Gartens

an, wer diesen wunderschönen Garten weiterpflegen wird, wenn ich mal nicht mehr da bin.

Gehölze, das Gerüst eines Gartens

Ähnlich wie ein junger Mammutbaum sieht auch die Sicheltanne (*Cryptomeria japonica*) aus. Sie stammt, wie der Name sagt, aus Japan, wo dieser Baum der wichtigste Holzlieferant ist. Das ist bei mir natürlich nicht der Fall. Mir genügt es, mich an der Schönheit dieser Pflanze zu erfreuen und in meiner Fantasie manchmal eine schlafende Geisha unter ihren Ästen zu vermuten. Die Sicheltanne gehört zur Familie der Sumpfzypressen, wovon ich noch vor kurzer Zeit ein außerordentlich schönes Exemplar der Spießtanne (*Cunninghamia*) aus China hatte, die bereits mehrere Meter hoch war, aber leider bei den bereits erwähnten Wasserrohrarbeiten eingegangen ist. Ich bin jedoch bereits dabei, mir einen Nachwuchs anzuschaffen.

Gleich daneben steht eine besonders schöne Koreatanne (*Abies koreana*) mit ihren außergewöhnlichen, aufrecht stehenden purpurfarbenen Zapfen sowie eine Libanonzeder (*Cedrus libani*), die ich so gepflanzt habe, dass sie später nicht die Aussicht verdeckt, denn diese Bäume werden riesig. Hier am Lago gibt es einige sehr große Exemplare, die sich harmonisch in die Landschaft einfügen.

Auch die amerikanische Hemlocktanne (*Tsuga heterophylla*), die in Amerika bis Alaska wächst, ist hier vertreten. Sie kann immerhin bis 50 m hoch werden, ist aber wegen ihrer Eleganz als Zierpflanze sehr beliebt.

Dann gibt es noch etliche Eiben (*Taxus baccata*), zahlreiche Scheinzypressen (*Chamaecyparis* spec.) in allen möglichen Farben, Lebensbäume (*Thuja* spec.), Arven, Zirbel-Kiefern (*Pinus cembra*) und Berg-Kiefern (*Pinus mugo*). Außerdem die seltene Schirmtanne (*Sciadopitys verticillata*) aus dem Fernen Osten sowie Wacholder (*Juniperus communis*), natürlich eine, wenn auch relativ junge Andentanne (*Araucaria*) aus Chile und ein Prachtstück der aus dem Hochgebirge Taiwans stammenden Taiwania, die mit ihren traumhaft schönen hängenden Ästen weihnachtlicher aussieht als jede europäische Tanne oder Fichte.

Selbstverständlich gibt es in meinem Garten auch viele Laubbäume, die im Herbst das Grün der Koniferen mit leuchtenden Farben durchbrechen, von denen

Mischwald im Norden

zunächst die wichtigsten nördlichen erwähnt werden, wie die Eiche (Stieleiche, *Quercus robur*), die elegante Hängebirke (*Betula pendula*), der Götterbaum (*Ailanthus*), die Eberesche (*Sorbus aucuparia*), der Walnussbaum (*Juglans regia*) und besonders die Edelkastanie (*Castanea sativa*), die uns im Herbst unzählige Maronis liefert, welche am Kaminfeuer gebraten besonders gut schmecken.

Unser Naschplatz

Und da wir gerade beim Genießen sind, möchte ich einige Schritte weiter südlich gehen, wo unser sogenannter „Naschplatz" ist, eine Einrichtung, dessen Idee mir kam, als mein Sohn Marco ein kleines Kind war. Er liebte Früchte. Aber zu Beginn gab es außer wilden Brombeeren (*Rubus caesius*) nur noch die wilden Walderdbeeren (*Fragaria vesca*), die sich im Laufe der Erdarbeiten schnell vermehrten und die einen einzigartigen Geschmack haben, mit denen keine andere Erd-

Der „Silberne Märchenwald"

Der „Goldene Märchenwald"

beersorte konkurrieren kann. Der kleine Bub war fasziniert von den winzigen weißen Blüten, aber natürlich in erster Linie von den herrlichen kugeligen Früchten. Bei jeder passenden oder unpassenden Gelegenheit, wenn ich besonders angestrengt im Garten werkte, umklammerte er meine Hände mit seinen patschigen Fingerchen und versuchte, mich in die entsprechende Richtung zu ziehen, wobei er treuherzig und aufmunternd sagte: „Schauma mal Erdbeerli ... schauma mal?"
Wer Kinder liebt, wird verstehen, dass es für mich unmöglich war, nicht zu folgen, und so begann kurz darauf das Pflücken und Schmatzen – endlos –, wie es mir vorkam, aber seine Freude war so einmalig, dass ich davon angesteckt wurde, wenn ich ihm zuschaute.

Es erinnerte mich an meine eigene Jugend, wo meine Geschwister und ich natürlich nichts lieber machten als „naschen", wie man so schön in Österreich sagt. Das also war die Geburtsstunde unseres Naschplatzes, den ich im Laufe der Zeit für alle Kinder und Junggebliebene (inklusive mir selbst) vor der Hütte, Richtung Süden, anlegte.

Heute gibt es da allerhand Früchte, neben den erwähnten Heidel- und Preiselbeeren auch Johannisbeeren, sowohl schwarze (*Ribes nigrum*) als auch rote (*Ribes rubrum*), Himbeeren (*Rubus idaeus*), Stachelbeeren (*Ribes uva-crispa*) und selbstverständlich Gartenerdbeeren (*Fragaria x ananassa*) in allen Variationen. Natürlich setzte ich auch die wichtigsten Obstbäume, wie Äpfel (*Malus domestica*), Kirschen (*Prunus avium*), Zwetschgen (*Prunus* spec.), dunkle Pflaumen (*Prunus cerasifera* „Atropurpurea"*)*, Aprikosen (*Prunus armeniaca*), Mirabellen (*Prunus* spec.), Feigen (*Ficus carica*). Nicht nur die Kinder waren begeistert, sondern fast alle Besucher, da der Naschplatz seinem Namen alle Ehre macht und die meisten natürlich gerne naschen. Abgesehen davon ist die Blüte im Frühling eine wahre Augenweide.

Von Italien bis zu den „Tropen“

Wahrzeichen Italiens, Griechenlands und vieler Mittelmeerländer ist die Echte Zypresse (*Cupressus sempervirens*). Sie ist das Hauptelement des Landschaftsbildes und ergänzt einmalig Kirchen und andere Bauten vor allem des 15. Jahrhunderts. Auch in meinem Garten stehen einige recht große Exemplare direkt gegenüber der italienischen Küste, der sie sich wunderbar anpassen. Außerdem sind sie bei mir die Verbindung zwischen dem nördlichen und südlichen Teil und gewährleisten einen harmonischen Übergang. Die Echte Zypresse gehört bestimmt zu den schönsten Pflanzen Europas.

Goethe schreibt in seinem Tagebuch am 17. September 1786: „(Verona) Diese Zweige (von Zypressen) bracht ich aus dem Garten Giusti, der eine treffliche Lage und ungeheure Cypressen hat, die alle nadelförmig in die Luft stehen. Ein Baum, dessen Zweige von unten bis oben, dessen ältester Zweig wie der jüngste gen Himmel strebt, der seine 300 Jahre dauert, (nach der Anlage des Gartens sollen sie älter seyn) ist wohl einer Verehrung wert.“

Was Goethe kaum wusste, ist die Tatsache, dass die Echte Zypresse auch in Deutschland gedeihen kann – natürlich an milderen Orten –, vor allem wenn man sie jung pflanzt und an einen geschützten Platz setzt. Es gibt keinen besseren säulenförmigen Baum für Planer eines nord-südlichen Gartens.

Unsere „Toscana“ mit einer merkwürdigen Wolkenbildung

Das dunkle Grün der Echten Zypresse ist außerdem ein wunderschöner Hintergrund für alle Blütenbäume und Sträucher. Aber es gibt natürlich auch andere Farbtöne bei dieser Gattung: Von Blaugrau bis Gelb, wovon ein selten schönes Exemplar der „Goldrest“-Zypresse in meinem Garten steht und sich prachtvoll in ihrem sattgelben Kleid von den umgebenden Bäumen abhebt.

Nicht alle Zypressen sind kerzengerade Säulen. Viele amerikanische und asiatische „Kollegen“ haben breite, zum Teil sogar bizarre Formen und können gigantische Ausmaße erreichen. Eine der schönsten dieser Art ist die gewaltige Kaschmirzypresse (*C. cashmeriana*) auf der naheliegenden Isola Madre del Lago Maggiore, deren enorme Äste mehrere Hundert qm überspannen.

Neben der Echten Zypresse gibt es noch unzählige Arten von Scheinzypressen (*Chamaecyparis*) sowie die sogenannten Leyland-Zypressen (x *Cupressocyparis leylandii*) und die verwandten Lebensbäume (Thujen), Weihrauchzedern (*Calocedrus decurrens*) und Wacholder (*Juniperus*), die fast überall in Europa gedeihen und in zahlreichen Varietäten vertreten sind. Allein in meinem Garten habe ich über 20 Sorten, die ich aber nicht einzeln beschreiben möchte, weil das zu weit führen würde. Aber sie sind in allen Farbschattierungen vorhanden – von Silbrig über Blaugrün bis Goldgelb, weshalb ich diesen Teil meines Gartens gerne „Märchenwald“ nenne.

Blütenpracht rund ums Jahr

Eine andere wunderschöne Pflanze – die auch in Mitteleuropa gedeiht und im Sommer traumhafte Büschel von rosaweißen Blüten mit rosa Staubgefäßen hat, ist der Seidenbaum (*Albizia julibrissin*) – verwandt mit den Akazien („*Mimosen*“). Allerdings verliert der

Blickrichtung Süden – unzählige Azaleen in allen Farben

Seidenbaum im Winter die Blätter, aber seine einmalige Pracht wäre eine Zierde für jeden größeren Garten in Deutschland; ich nenne ihn den Kindern gegenüber den „Flamingobaum", weil die Blüten wie Tausende von winzigen Flamingos aussehen.
Eine weitere Frühlingspracht sind die Hartriegelgewächse (*Cornaceae*), deren Blütenfülle so üppig ist, das selbst die Zierkirsche daneben verblasst. Es gibt davon zwei verschiedene Blütenbaupläne. Der Effekt ist jedoch sehr ähnlich, d.h., die einen haben Hochblätter, die anderen keine, aber die Blütenblätter sind natürlich größer. Im Tessin gedeihen sie besonders gut und die fantastischen Farbeffekte von Rosa bis Weiß erregen sogar die Bewunderung von Menschen, die sonst wenig Interesse für Bäume zeigen. Ich selbst habe in meinem Garten zwei laubabwerfende Arten (*Cornus nutallii, C. florida*) und die seltene immergrüne *Cornus capitata* aus China, die gelbe Blüten trägt.
Auch ein prachtvolles Gewächs, welches allerdings im Norden nur in Töpfen wächst, ist der Lorbeerbaum (*Laurus nobilis*), aus dessen Zweigen man früher die Lorbeerkränze gewunden hat. Weniger gern mag ich den Kirschlorbeer (*Prunus lusitanica*), der nicht mit vorhergehendem verwandt ist und außerdem meist von Pilzen befallen wird. Hätte ich das rechtzeitig gewusst, wäre er nicht in meinen Garten, aber nun ist er mal da und trennt als Grünhang einige Wege. Allerdings habe ich auch einige größere Exemplare, die nie geschnitten werden, wodurch der Pilzbefall zum Teil ganz ausfällt. Nachdem sie recht ordentlich weiße Blütendolden hervorbringen, hat mich das wieder versöhnt.
Sehr schön ist außerdem die Zaubernuss (*Hamamelis* x *intermedia*), von der auch Parfum hergestellt wird, sowie die mit Blüten übersäte Forsythie, deren leuchtendes Gelb jeden Frühling eine prachtvolle Zierde ist, nicht nur bei mir, sondern in unzähligen Gärten des Südens wie des Nordens.

Kaum zu glauben, dass letztere zur gleichen Gattung wie die Eschen gehören, die wiederum Teil der Familie der Ölbaumgewächse (*Oleaceae*) sind und deshalb Verwandte meiner Olivenbäume (*Olea europaea*), die jedes Jahr die bekannten grünen Früchte tragen und ebenfalls als Wahrzeichen italienisch-griechischer Landschaften gelten.

Doch halt! Jetzt wird es zu kompliziert! Ich will ja kein trockenes botanisches Lehrbuch schreiben, sondern einfach von meinem Garten erzählen. Hier sind wir jetzt an einem Ort angelangt, welcher den Übergang vom nördlichen zum südlichen Teil bildet, so dass natürlich dementsprechend einige Pflanzen in beiden Klimazonen zu Hause sein können.

Deshalb bestimmen Sie am besten selbst, welche Arten auch in Ihrem Garten gedeihen.

Lassen Sie uns also weiterwandern, vorbei an der Stechpalme (*Ilex aquifolium*), dem Blauglockenbaum (*Paulownia tomentosa*), dem berühmten *Ginkgo biloba*, der schon seit über 200 Millionen Jahren (!!!) auf unserer Erde existieren soll und lange Zeit als ausgestorben galt, bis er 1690 als Tempelbaum im Fernen Osten wieder entdeckt wurde! Und bewundern wir die fantastischen Magnolien (*Magnoliaceae*), deren Bäume wohl zu den schönsten im ganzen Pflanzenreich zählen. Das gilt natürlich in erster Linie während der Blüte.

Es gibt unzählige Arten und Kreuzungen, atemberaubende Kreationen.

Angefangen von der *Magnolia stellata*, deren weiße Sterne zwar nur kurz blühen, aber eine Sehnsucht nach Ewigkeit erwecken, wenn man die Silhouetten ihrer Zweige betrachtet, die sich gegen den blauen Himmel oder den glitzernden See abheben. Die endlosen Varietäten der *Magnolia* x *soulangiana* mit ihren unglaublich großen Blüten in Hunderten von Farbtönen, deren Gebilde wie reine Kelche in der Luft zu schweben scheinen, bis zur Königin, der immergrünen *Magnolia grandiflora*, die im Sommer schneeweiße Blüten formt – allerdings nicht so viele wie ihre Schwestern. Jedoch, wenn man eine solche Blüte abnimmt (und das darf ich ja in meinem Garten) und in eine Glasschale mit Wasser legt, dann wird der Raum mit einem starken zitronenartigen Duft erfüllt, das man glaubt, einen Hauch vom Paradies zu verspüren, vor allem weil auch das Gebilde der Blüte von fast überirdischer Schönheit ist. Allerdings dauert die ganze Pracht nur wenige Stunden, dann verwandelt sich die weiße Keuschheit in herunterlappende, bräunliche Bündel. Ein unangenehmer Geruch verdrängt den traumhaften Duft, sie stirbt. Sinnbild alles Vergänglichen.

Orangene, duftende Azaleen, eine Seltenheit...

Überwältigend in ihrer Vielfalt von Farben und Formen ist allerdings auch die Kamelie, eine Verwandte des Teestrauches (*Camellia sinensis*), der jedoch viel bescheidenere Blüten hat. Aus der Wildform (*Camellia japonica*) wurden bis heute rund 30.000 (!!!) Sorten gezogen – von unzähligen Freunden dieses Strauches auf der ganzen Welt. Allein bei mir wachsen über 40 verschiedene, aber ich habe Bekannte, die Hunderte haben, denn im Tessin gedeihen sie besonders gut. Jedoch aufgepasst vor Regen, der die Blüten schnell zerstört. Leider duften sie überhaupt nicht und wirken dadurch etwas steril, wie das Lächeln einer schönen Frau, die keine Seele ausstrahlt. Immerhin haben sie außerordentlich wohlgeformte Blätter, die das ganze Jahr ihre glänzende grüne Farbe behalten, so dass sie sich auch sehr gut als lebender Zaun verwenden lassen, ohne die Nachteile des kränkelnden Kirschlorbeers.

Last but not least

Ich muss unbedingt noch meine Azaleen und Rhododendren erwähnen, die zwar zu den Heidekrautgewächsen (*Ericeae*) gehören, aber äußerlich wenig mit der sogenannten „Erika“ (die natürlich auch in meinem Garten wächst) gemeinsam haben. Die Bezeichnung „Azaleen“ wurde von Linnaeus bereits 1753 eingeführt, aber zu Beginn des 20. Jahrhunderts von Prof. Baldur wieder aufgehoben, weshalb man botanisch jetzt nur noch von Rhododendren spricht.

Dies nur zu Ihrer Orientierung, denn ich halte es in diesem Fall lieber mit der Tradition des Volksmundes, vor allem weil ich zu Beginn unseres Tessiner Daseins jeden Frühling unzählige „Azaleen“ (Töpfe) gekauft habe – in allen Farben. Diese haben sich im Laufe der Jahre zu riesigen Sträuchern entwickelt, so dass heute von Februar bis fast Mitte des Jahres Teile meines Gartens mit Millionen von Blüten übersät sind. Eine Augenweide, wie sie nur selten zu sehen ist.

Auch habe ich mehrere der seltener duftenden Arten, die den Garten mit einem sinnesbetörenden Fluidum erfüllen, so dass man tatsächlich das Gefühl hat, in einer anderen (besseren) Welt zu sein. Von der kleinen Alpenrose (*Rhodendron ferrugineum*) über ein Meer von Varietäten bis zu hohen Rhododendren-Bäumen mit ihren großen Blüten: Vom leuchtenden Weiß, über Rosa, Karminrot und Violett, die Formen verspielt, verträumt, eigentlich unbeschreiblich! Schon mein Sohn rief, wie ich bereits erzählte, als kleiner Knirps verträumt: „Schau, was der Papa alles gemacht hat! Azaleen, Rhododendren! Tausende, Millionen...!“

Ich weiß, liebe Leser

Ich bin ins Schwärmen gekommen, aber das gehört nun mal zu mir. Ich hoffe, Sie verstehen und tolerieren es, denn ehrlich, finden Sie nicht auch, dass die Natur uns eine Symphonie von Schönheit gegeben hat, an der leider viele Menschen vorbei gehen, ohne sie zu spüren? Dabei haben wir doch alle mit unserem eigenen Leben ein Geschenk erhalten, das eines der größ-

Oleander und immer mehr Azaleen... Im Hintergrund der See mit Italien

ten Wunder überhaupt in unserem Dasein ist. Haben Sie schon einmal darüber nachgedacht?
Wie Sie vielleicht wissen, ist der Körper der Frau mit rund 400.000 (!) Eizellen ausgestattet, von denen allerdings nur wenige zur Reife kommen. Der Mann stößt während des Geschlechtsaktes rund 600 Millionen, ja bis zu einer Milliarde (!!!) Spermien aus, die alle in einem „Marathonlauf" zum Eierstock rasen. Aber nur eine einzige dringt ein, um mit einer einzigen Eizelle zu verschmelzen und das genetische Grundmaterial von Vater und Mutter bilden, woraus jeder von uns, auch Sie, entstanden sind! Rechnen Sie selbst: 1 zu 400.000 Milliarden!!! So winzig war die Chance, dass Ihre Persönlichkeit, Ihr Leben werden konnte! Und doch haben Sie es geschafft! Sie und ich und all die anderen Menschen auf dieser Erde! Ist das nicht unfassbar? Unfassbar, aber wahr! Muss man da nicht ein großes Gefühl der Freude und Dankbarkeit empfinden? Freude am Dasein und Dankbarkeit über die Auswahl, dass gerade wir daran teilnehmen dürfen.
Wie unsagbar traurig, dass so viele Menschen dieses unfassbare Geschenk des Lebens so leichtsinnig aufs Spiel setzen. Aber lassen Sie uns weiterdenken: Über das Wunder des Planeten Erde, der als einziger von Millionen uns bekannter Himmelskörper die Voraussetzungen bietet, uns dieses Leben auch leben zu lassen. Der uns die Luft zum Atmen schenkt, Wasser zum Trinken, Nahrung zum Essen und viel, viel mehr, aber auch Intelligenz zum Denken! Warum benutzen viele diese Intelligenz nicht dazu?
Nein, dieser Planet ist nicht wie all die anderen Gestirne, die wir kennen, keine eisige Wüste, keine alles verbrennende Masse aus Gas. Dieser Planet bietet uns eine Natur, die genauso einmalig ist, wie er selbst. Eine Natur voller Wärme und Licht, voller Berge und Seen, voller Bäume und Blumen, voller Tiere und Pflanzen und, und, und, umrahmt von einer Palette irrationaler Farben. Sagte ich nicht, eine Symphonie von Schönheit? Vielleicht noch mehr: Eine Symphonie von Wundern!
Wenn ich durch meinen Garten gehe, sehe ich, fühle ich, rieche ich dieses Wunder jeden Augenblick. Ich hoffe, dass auch Sie etwas davon spüren!
Wenn man bedenkt, dass leider ein Teil der Menschheit sich selbst und diese Wunder aus sinnloser Machtgier vernichten möchte, so kann ich nur sagen: Wir haben genug von Terror, Gewalt, Krieg und den vielen anderen Verletzungen der Menschenwürde, welche dieses neue Jahrtausend bereits geprägt haben.
„Wir", das sind viele unter uns, wahrscheinlich die meisten auf dieser Erde. Trotzdem sind „wir" eine Minderheit, weil „wir" nicht zu Wort kommen! Aber wir haben ein Recht, uns dieses Daseins zu erfreuen, ein Recht darauf, dankbar zu sein, ein Recht, positiv zu denken, und ein Recht, diese Gedanken weiter zu tragen, hinein in die gesamte Menschheit bis „hinauf" zu den führenden Kräften und daran mitzuwirken, dass dieser einmalig schöne Planet nicht für immer zerstört wird.
Es gehört nun mal zu einem einsamen Spaziergang im Garten, dass man „philosophiert", und so hoffe ich, liebe Leser, dass diese meine Überlegungen Sie angeregt haben, darüber nachzudenken und vielleicht auch eine eigene positive Initiative zu entwickeln.

Mit diesen Gedanken ist es Mittag geworden

Ich wandere durch den nördlichen Teil des Gartens, hinauf zum Haus, wo meine Frau inzwischen auf dem Terrassentisch einen köstlichen Imbiss vorbereitet hat.
Die Sonne steht jetzt hoch am Himmel. Ich lasse ihre wärmenden Strahlen über meinen Körper gleiten und setze mich in einen der bequemen Stühle. Die Terrasse ist nach Süden gerichtet und dementsprechend hat sich das Bild völlig verändert. Ein „Meer" von Palmen dominiert jetzt das Ganze. Es sind meine Lieblingspflanzen und ich freue mich schon, liebe Leser, davon zu erzählen. Aber auch hier gibt es neben anderen Sträuchern viele Arten von „Azaleen", wenn auch andersartig, fremdländischer, vielleicht sogar farbenprächtiger.
Direkt über mir ist eine hellblaue Glyzinie (*Wisteria floribunda*), deren Blüten in riesigen Trauben vom obe-

Oben: Zwischen Blumen und Palmen Aussicht auf „Pino del Lago Maggiore", ein italienisches Dorf in greifbarer Nähe

Unten links: Eine mexikanische *Dasylirion* inmitten eines traumhaften Blütenmeeres

Unten rechts: Eine Farbensymphonie von Blumen und Palmen (wie sie kaum ein Maler erfinden könnte)

Der Gästetrakt unseres Hauses mit einem harmonischen Nebeneinander des zauberhaften „Orchideenbaumes“ (weiß) und einer violetten Bougainvillea

ren Balkon zu mir herunterhängen, im Licht der Sonne gegen den Himmel eine absolut paradiesische Ansicht. Schade, dass diese einmaligen Pflanzen nur relativ kurz blühen, ich könnte mich das ganze Jahr nicht satt sehen. Ich schließe die Augen ..., träume ..., Tausende von Vöglein zwitschern und singen jubelnd von den umliegenden Bäumen und vermitteln Lebensfreude.
„Liebling, wach auf!“, sagt meine Frau und stellt einen Teller mit nach seltenen Kräutern duftender Suppe auf den Tisch, wobei sie lächelt und mir noch ein Glas Rotwein einschenkt, alles gleichzeitig. Wie sie das macht, weiß ich nicht, wahrscheinlich habe ich mich leider daran im Laufe der Zeit gewöhnt. Jedoch, ich liebe dieses charmante Lächeln meiner Frau, das sie bei jeder Gelegenheit zeigt, den Ausdruck eines zufriedenen, glücklichen Menschen. Bei diesem Lächeln spürt man eine Seele und vor allem ein Herz. „Oh, Entschuldigung“, höre ich mich sagen, wobei ich mich stolpernd erhebe und sie mit einem Kuss begrüße, der – erstaunlich intensiv – beantwortet wird.
Wir begrüßen uns seit über dreißig Jahren jeden Tag so und es hat uns noch nie geschadet, im Gegenteil! „Ich war mal wieder mit meinen Gedanken ganz woanders...“ „Macht dein Buch Fortschritte?“ Das war die falsche Frage, im falschen Moment.
Ich seufze, denn das gibt mir Gelegenheit, eine Antwort vorzubereiten. Dann räuspere ich mich, um noch eine halbe Sekunde Zeit zu gewinnen, nehme das gefüllte Rotweinglas und sage zunächst mal: „Prost“. Natürlich prostet sie mir auch zu und nachdem wir beide einen Schluck getrunken haben, fällt mir ein: „Schmeckt ausgezeichnet.“ Kurze Pause, ich spüre, dass ich irgendwie Stellung beziehen muss. Ich räuspere mich nochmals und sage, etwas gedehnt: „Ah, du meinst das Buch, welches ich zur Zeit schreibe?“ Eine dümmere Antwort hätte ich nicht geben können. „Natürlich.“ Wieder lächelt sie unbefangen, während ich mich an einer Stelle im Gesicht kratze, wo es mich gar nicht juckt. „Na ja“, meine ich, „eigentlich schon, ich habe mir eine Menge Notizen gemacht, aber ...“ „Aber was?“ Das Lächeln bleibt, macht mich aber jetzt ein bisschen nervös. „Es ist eben schwierig, alles was in meinem Kopf herumschwirrt zu sortieren und auf Papier zu bringen.“ „Ich weiß“, meint sie und lächelt

weiter. „Aber du wirst es schon schaffen." Mit ihrem feinen Instinkt hat sie mal wieder erfasst, das dieses Thema im Augenblick tabu war, und ließ es auf sich beruhen.
So aßen wir weiter und sprachen über unsere Tochter, die gerade in der Schule war, und über allerlei andere Themen. Ich genoss das Essen, es schmeckte ausgezeichnet, genauso, wie alles, was meine Frau bisher zubereitete. Sie ist wirklich eine hervorragende Köchin, mit einmaligen Ideen, da kann ich nur einpacken, aber leider kann ich darüber jetzt nicht schreiben, denn sonst würde dieses Buch ein Kochbuch werden.
Jedenfalls genoss ich es. Aber ich musste weitergehen, Notizen machen. Ich nahm einen Bleistift und den Block. Meine eigentlichen Schreibarbeiten beginnen meistens am späten Nachmittag, sie dauern allerdings manchmal bis in die Nacht oder den frühen Morgen. So erhob ich mich nach dem schwarzen Kaffee und machte meinen Rundgang weiter, nicht ohne meiner Frau nochmals einen zärtlichen Kuss gegeben zu haben, den sie wieder intensiv beantwortet, wie immer. Ist das nicht schön? Sinnbild einer harmonischen Ehe!

Aber ich wollte Ihnen von Palmen erzählen

Nun, von der Terrasse aus sieht man Hunderte. Man weiß gar nicht, wo beginnen.
Hier, am oberen Teil meines Gartens, dominieren allerdings die Hanfpalmen (*Trachycarpus*), die Sie aber auch am meisten interessieren dürften, weil sie recht kälteresistent sind, so dass sie für milde Gebiete Deutschlands absolut empfohlen werden können. Vor allem die chinesische Hanfpalme (*Trachycarpus fortunei*). Sie ist zweifelsohne die Schönste aller winterharten Palmen und wird auch am größten.
Sie wurde Mitte des 19. Jahrhunderts an der Riviera und den oberitalienischen Seen angesiedelt und später, vor allem im schweizerischen Teil des Lago Maggiore gezüchtet, wo sie sich heute bereits durch Vögel

Das Paradies zum Greifen nah. Aussicht vom Wohnzimmer unseres Hauses über Glyzinien, Kamelien und zahlreiche Palmen Richtung Süden.

unglaublich vermehrt. Es ist verständlich, dass viele Schweizer Bürger stolz darauf sind, im südlichen Teil ihres Landes auch Palmen zu haben. Wahrscheinlich aus diesem Grund wurde sie bald fälschlicherweise „Tessiner Palme“ genannt und mit diesem Namen vielen deutschen Palmenliebhabern bekannt. Auch heute kommen noch manche Touristen hauptsächlich dieser Palme wegen ins Tessin, weil es für Nordländer praktisch die naheste Gegend ist, südliche Träume zu realisieren. Neben dieser gibt es aber noch etliche andere *Trachycarpus*-Arten, welche aber den meisten Laien völlig unbekannt sind. Erwähnen möchte ich nur, dass ich in meinem Garten noch folgende Sorten habe: *T. martianus, T. nanus, T. takil* und *T. wagnerianus.*

Palmen aus aller Welt am Granitplatz

Gleich neben der Essterrasse befindet sich ein etwas zurückversetztes Terrain mit Granitplatten, auf dem ein runder Steintisch steht, während entlang der Hausmauern, welche diese Fläche umgeben, viele heikle Pflanzen in Beete gesetzt wurden.
An erster Stelle ist da eine mittelgroße Sabal-Palme, die eine eigenartige Geschichte hinter sich hat, vor allem weil es heißt, diese spezielle Art (*Sabal miamensis*) sei heute ausgestorben, nachdem die letzten Exemplare in Miami (USA) durch Bauarbeiten ausgerottet wurden.
Vor über zwanzig Jahren befand ich mich mit meiner Frau in Nassau, auf den Bahamas. Es war sehr heiß und während eines Ausfluges auf die gegenüberliegende Insel „Paradise-Island“ kühlten wir uns in einem Hotelschwimmbad ab. Das Hotel hatte eine merkwürdige Bar. Sie war so gebaut, dass die Kunden auf Stühlen im Wasser sitzen konnten, während der Barkeeper völlig abgeschlossen durch die Barwand seine Drinks im Trockenen mischen konnte, also praktisch doppelte Kühlung: Durch das umgebende Geplätscher und durch die eisgekühlten Getränke. War aber auch ein außergewöhnlich heißer Tag, so dass wir die Situation in vollen Zügen genossen. Nach der Rückfahrt waren wir auch dementsprechend müde und beschlossen, in unserem Hotel einen Kaffee zu nehmen. Wir setzten uns aus diesem Grund in eine schattige, kleine Nische, die von der Sonnenseite abgewandt war, unter einen mächtigen Baum. Erst nachdem wir etliche Schlucke Kaffee intus hatten, merkten wir, dass dieser „mächtige Baum“ eine riesige Palme war, die allerdings seltsame Blätter – halb Fieder/halb Fächer – hatte, die eingeschlagen waren. Heute weiß ich, dass diese Form *„costa-palmate“* genannt wird, aber damals war ich noch ziemlich am Anfang unseres Gartens und wusste noch nicht so genau Bescheid. „Das wäre was für uns“, meinte meine Frau begeistert, ohne zu überlegen, dass ja zwischen den Bahamas und dem Tessin ein kleiner Klimaunterschied ist.
Ich war damals schon ein ganz ordentlicher Palmenjäger und hatte zu dem noch die Drinks von „Paradise-Island“ in meinem Inneren. So kletterte ich auf den Baum und wurde nach langem Suchen sogar fündig, indem ich einen zwar schäbigen, aber, wie sich später herausstellte, immerhin keimfähigen Samen fand, der schließlich neben anderen „Bahama-Souvenirs“ in meinem Gewächshaus landete.
Daraus entstand eine kleine Pflanze, die ich dann an eine geschützte Stelle neben der Essterrasse setzte, wo sie sich bis heute zu einer recht ordentlichen Palme mit großen costa-palmaten Blättern entwickelte. Sie sind aber sehr verschieden von denen der Sabal-Palmetto, welche ich inzwischen ebenfalls in meiner Sammlung habe.
Erst viel später habe ich erfahren, dass die Mutterpflanze von einem Amerikaner, dem späteren Hotelbesitzer aus besagter Gegend in Miami, mitgenommen worden war. Wie dem auch sei, der Wunsch meiner Frau ist in Erfüllung gegangen und heute können wir uns praktisch bei jeder Mahlzeit an dem kostbaren Stück erfreuen, dessen seltene Blattform jetzt von der Tessiner Luft gestreichelt wird.
Gleich daneben steht eine Zuckerpalme (*Arenga engleri*) aus Taiwan mit hellgrünen Fiederblättern, die auf der unteren Seite mit einer dünnen Wachsschicht belegt sind, so dass sie leicht silbern glänzen; dahinter eine fädige Washingtonie (*Washingtonia filifera*) aus Kalifornien, deren tiefgrüne Fächer mit den fantastisch angeordneten weißen Fäden einen schönen Kontrast bilden.

Palmen rund um den Granitplatz
Oben links: Verträumte Paradiespalme *Howea forsteriana* am Essplatz
Oben rechts: *Jubaea chilensis (spectabilis)*
Unten links: *Butia sp.* Unten rechts: *Washingtonia robusta*

Dann folgt der Stamm einer seltener australischen „Seiden-Eiche" (*Grevillea robusta*), die noch hoch hinauswächst. Ihre Äste tragen farnartige Blätter, die sich anmutig über die anderen Gewächse ausbreiten.
Darunter eine mittelgroße Klippen-Dattelpalme aus Indien (*Phoenix rupicola*), deren induplikate Fiedern gleichmäßig in einer Ebene am Blatt angeordnet sind – im Unterschied z. B. zur kanarischen Dattelpalme, der wir später begegnen werden.
Zu ihren Füßen kuschelt sich eine kleine Fächerpalme aus Süd-China (*Rhapis excelsa variegata*), deren hellgelbe Streifen auf den Blättern recht lieblich aussehen, um so mehr, als sie noch von roten Blumen (*Osteospermum ecklonis*) umgeben ist, die ich von der Riviera mitgenommen habe.

Das Prachtstück

Eine meiner Lieblingspalmen und neben der Kokospalme wohl die schönste, ist die Paradiespalme (*Howea forsteriana*), welche den deutschen Namen nicht zu Unrecht trägt. Ihre eleganten Wedel hängen träumerisch vornüber und vermitteln den Eindruck von Grazie und Gelassenheit, aber auch Mütterlichkeit. Letzteres besonders für Schatten suchende Menschen, die sich unter ihre schützenden Blätter legen. Ich weiß es, denn ich habe unzählige Male mein Mittagsschläfchen darunter gemacht und nach einem kurzen Blinzeln zwischen die schmeichelnden Fiedern war ich weg und bin etwas später höchst erquicklich erwacht.
Die Schönheit ihrer Wedel ist tatsächlich atemberaubend. Nicht weil sie vor Gesundheit strotzen und dadurch besonders groß sind, es mag daran liegen, dass die Pflanze nicht in einem Topf eingezwängt, sondern im Freien steht, was nicht all zu oft der Fall ist, weil sie schnell durch Kälte leidet. Soviel mir bekannt ist, bin ich der Einzige, der diese Palme im Tessin im Freien hat, und auch an der Riviera habe ich nur wenige gesehen.
Es gibt aber einen Trost für meine Freunde in Deutschland: Die *Howea* gedeiht sehr gut im Zimmer, wo sie zu den schönsten Pflanzen zählt, und wird schon seit Ende des 19. Jahrhunderts zur Verschönerung von pompösen Eingängen entlang von Wandelhallen, bei Diplomaten-Empfängen und natürlich auch in Wohnräumen verwendet. So besteht für viele Leser wenigstens die Chance, sie innen zu ziehen, vielleicht auch als Verbindung zu einem südlich angehauchten Außengarten.
Diese außergewöhnlich schöne Palme stammt aus dem Südpazifik, von den Lord Howe-Inseln (daher der Name), rund 500 km östlich von Australien, so dass ich mich in meinen Träumen natürlich in diese Gegend versetzt fühle, weil der Himmel zwischen den Blattspreiten genauso blau ist und mir meine Fantasie eine Reise um die Erde auf die südliche Halbkugel erspart.

Bougainvilleen

Gleich dahinter ist eine mittelgroße Schirmpalme (*Livistonia spinosa*) ebenfalls von Australien sowie eine blühende „zierliche Bergpalme" (*Chamaedorea elegans*) aus Mexiko. Diese Palme zählt in Mitteleuropa zu den meistverkauften Geschenkpalmen, weil sie außerordentlich gut in Wohnräumen gedeiht und ist deshalb weit verbreitet. Das Ganze wird dominiert von einer baumgroßen Drillingsblume (*Bougainvillea glabra cypherii*), die bis zum Dachstock hinaufragt und von Sommer bis Winter mit unzähligen violetten Blütentrauben übersät ist. Ein wundervoller einmaliger Anblick, wie ich ihn nicht mal in Brasilien gesehen habe, woher die Pflanze stammt (aus der Familie der Wunderblumengewächse). Kurz, das Glanzstück unseres Hauses und eines der schönsten Gewächse im ganzen Garten.
Die Tatsache, dass gerade sie zu einer Zeit, wo es nicht all zu viel blühende Pflanzen im Garten gibt, ihre ganze Pracht entfaltet, ist natürlich ein großer Gewinn für uns. Jedes Jahr bestaunen wir sie immer aufs Neue und unsere Gäste und Freunde sind hingerissen von ihrer unglaublichen Schönheit. Es muss noch erwähnt werden, dass es sich eigentlich um Scheinblüten handelt, denn die kleinen Blüten werden von Hochblättern umhüllt. Benannt wurde sie nach dem französischen Weltenumsegler Louis Antoine de Bougainville (1729 – 1811), der auch einige der Solomon Inseln entdeckte, von denen die größte nach ihm benannt wurde.
Es gibt da eine reizende Geschichte von ihm. Tyler Whittle berichtet in seinem Buch „The Plant Hunters": Am 07. April 1768 landete Bougainville auf Tahiti, wo

Aufgang zum Gästetrakt, vom Granitplatz kommend

ihm ein pompöser Empfang zuteil wurde. Er ging an Land und nahm seinen Botaniker Philibert Commerson sowie dessen Assistenten Jean Baret mit.
Ein Häuptling, der sich zu Jean Baret hingezogen fühlte und keine abendländischen Hemmungen kannte, packte den jungen Botaniker und wäre mit ihm auf und davon, wenn nicht einige Seeleute, die auch an Land gegangen waren, dies verhindert hätten. Im Getümmel gerieten Barets Kleider etwas in Unordnung. Der Wilde hatte mit seinem Instinkt „gewittert", Bougainville vermerkte die Tatsachen mit würdevoller Objektivität: „Commerson`s Diener Baret gestand mir unter Tränen, er sei eine Frau. Sie sagte mir, in Rochefort habe sie ihren Herrn getäuscht, in dem sie sich im Augenblick der Abreise in Männerkleidung präsentiert habe." (Damals durften keine Frauen an Bord und außerdem nicht studieren.) Pasfield Oliver, der für Leser des Zeitalters König Eduards schrieb, drückte sich vorsichtig aus: „Da inzwischen hundertsechzig Jahre vergangen sind, dürfte es wohl am besten sein, zu dieser außergewöhnlichen Geschichte nichts hinzuzufügen."
Nach einer hübschen, aber unwahrscheinlichen Darstellung soll der arme Commerson durch die Entdeckung so in Verlegenheit geraten sein, dass er sich in die Verbannung zurückzog. Jean änderte ihren Namen in Hortensie, blieb bei ihrem Herrn bis zu seinem Tod, kehrte dann nach Paris zurück und gab ihren Namen der gewöhnlichen Garten-Hydrangea, der Hortensie.
So sollen die schönen, bei uns meist tiefblauen Blumen zu ihrem Namen Hortensien gekommen sein. Noch heute sind sich die Historiker nicht ganz einig, aber ich finde es eine hübsche Geschichte, und wollte sie Ihnen nicht vorenthalten.
Außer dieser riesigen *Bougainvillea* haben wir noch eine kleinere *x Buttiana*, deren Blüten (eigentlich han-

Auf einer „korsischen Insel" mit Blick aufs „Meer"

delt es sich um Scheinblüten) leuchtende Farben haben, zunächst Dunkelrot sind und allmählich in ein zartes Rosarot wechseln.
Leider kann die *Bougainvillea* in Deutschland nur im Gewächshaus oder im Zimmer gehalten werden. Das ist nicht einfach, weil sie wegen ihres buschigen Wuchses sehr viel Platz braucht und weil sie zu verschiedenen Jahreszeiten erheblich differierende Ansprüche stellt, vor allem was die Temperatur betrifft.

Zurück zu den Palmen

Die nächste Pflanze ist ein rosaroter „Orchideenbaum" (*Bauhinia variegata*) aus Hongkong, der ebenfalls im Sommer blüht. Dahinter eine weitere Rarität, die einzige mir bekannte „echt schweizerische" Dattelpalme (*P. dactylifera*), natürlich ist das botanischer Unsinn. Jedoch vor über dreißig Jahren, als wir eben ins Tessin gezogen waren, verspeisten wir im Spätherbst einige Datteln und natürlich steckte ich die Kerne in die Erde ohne zu glauben, dass daraus etwas würde, und war um so überraschter, als sich im Frühling einige Blättchen zeigten.
Leider wusste ich damals noch nicht, dass man junge Datteltriebe nicht verpflanzen darf (sie sind Tiefwurzler und suchen z. B. in den Oasen das Wasser) und setzte an verschiedenen Stellen einige Sprösslinge, die natürlich kurz darauf eingingen. Nur eine einzige ließ ich an ihrem natürlichen Standort stehen und daraus entwickelte sich im Laufe der Jahre eine recht große Dattelpalme, deren Wedel bereits über 2 m lang sind. Inzwischen habe ich etliche, zum Teil noch größere Exemplare. Sie wurden jedoch in Töpfen gezogen und dann gesetzt, aber diese ist die einzige, die aus dem Samen gewachsen ist. Die nächste Palme ist eine *Bismarckia nobilis* aus Madagaskar mit beachtlich großen, graublauen Fächern und zu ihren Füßen eine *Phoenix roebelenii* aus dem Mekong-Delta, die heikelste aller *Phoe-*

nix-Arten, die aber den letzten außergewöhnlich kalten Winter gut überlebt hat. Dann folgt eine kleine *Parajubaea cocoides* aus Ecuador, deren Schwestern als große Allee ganze Straßenzüge in Quito zieren. Nun folgt eine andere „Zwergkokospalme" (*Lytocaryum weddelianum*) aus den Urwäldern Brasiliens sowie ein schönes Exemplar der „Kermadec-Palme" (*Rhopalostylis cheesemanii*) von der Sunday Insel, der Kermadec-Gruppe, östlich von Neuseeland. Damit sind wir in einer schattigen Nische angelangt, die von einem Steinbogen begrenzt wird. Hier sind vor allem Urwaldpalmen gepflanzt, die nur wenig Sonne vertragen, darunter verschiedene *Chamaedoreas*, wie C. *seifrizii*, C. *metallica*, C. *elegans*, C. *Costaricana*, C. *glaucifolia*, *Howeas* und *Rhonalostylis* sowie eine seltene *Calamus*. Letztere ist wahrscheinlich auch das einzige Exemplar im Tessin. Es ist eine Kletterpalme, die mehrere Hundert Meter (!!!) lang werden kann und spitze Stacheln trägt. Nun, das dauert natürlich seine Zeit und ich kann sie ja, falls nötig, zurückschneiden oder entlang der Mauer um den Außenkamin hochziehen.

Prachtstück unter dieser Gruppe ist eine recht große *Lytocaryum weddellianum*, die aus dem Urwald bei Petropolis stammt, einem Sommer-Kurort von Rio de Janeiro, welcher ca. 500 km weiter westlich liegt. Kenner haben mir immer wieder versichert, dass dieses Exemplar eines der schönsten sei, das sie in Kultur gesehen hätten. Ich selbst bin auch stets erneut begeistert, wenn ich diese wohlgewachsene Palme mit ihren schönen, zarten Fiederblättern ansehe, deren Oberseite ein leuchtendes Grün zeigen, während die Unterseite silbrig glänzt. Zum Verlieben!

Am gegenüberliegenden Ende der Nische steht eine Palme, an der ich besondere Freude habe, eine in Kultur äußerst seltene *Ceroxylon interruptum* aus den Bergen von Venezuela. Nach meinen Erkundigungen die einzige, die in Europa im Freien vorkommen soll, und zwar deshalb, weil es im Norden zu kalt, im Süden aber zu heiß sein soll. Die Pflanze gedeiht auf ca. 2.500 m ü. M. in den Anden und zwar dort, wo fast ständig Nebel herrscht, so dass sie an ein merkwürdig kühles Dauerklima gewöhnt ist. Es gibt zwar noch andere *Ceroxylon*, aber die einen wachsen in noch größerer Höhe (*C. utile*), wo bei meist blauem Himmel tagsüber mörderische Hitze herrscht, während nachts die Temperatur unter null Grad fällt, oder sie wachsen weiter unten, wo bereits eine Dschungelatmosphäre mit großer Luftfeuchtigkeit herrscht. Beides Konditionen, die in Europa schwer zu finden sind. Aus diesen Gründen bin ich sehr froh, dass ich eine Stelle gefunden habe, die viel Schatten gibt und auch sehr kühl ist. Kurz und gut, ich kann dieser Palme wenigstens einigermaßen die schwierigen Lebensbedingungen ihrer Heimat bieten, das in etwa dem „Bosco Neblina"-Klima entspricht. Und ich freue mich immer wieder, wenn ich sie betrachte. Ihre prachtvollen Fiederblätter sind bereits 1,50 m lang, die Unterseite fast weiß leuchtet, weil sie von einer dünnen Wachsschicht überzogen sind. Im Habitat soll sie über 80 Meter hoch werden, womit sie mit den Mammutbäumen zu den höchsten Pflanzen auf unserem Planeten gehört. Da auch die Stämme keine Äste haben und relativ dünn sind, wirken sie an Ort und Stelle wie überdimensionale Domsäulen, deren Kronen in großer Höhe eine Art Dach bilden.

Bei dieser Gelegenheit möchte ich zu einer Frage Stellung nehmen, die oft an mich gerichtet wird: Was wird aus dem Garten, wenn alle Pflanzen ihre natürliche Größe erreicht haben? Zunächst, was die Palmen betrifft: Erstens wachsen sie, mit wenigen Ausnahmen, besonders langsam, so dass bei vielen Arten Hunderte von Jahren vergehen können, bis sie ihre endgültige Höhe erreicht haben. Zweitens haben sie, auch mit wenigen Ausnahmen, nur einen einzigen Stamm, der sich nicht verästelt oder verzweigt, so dass bei verschiedenen Wachstum der einzelnen Arten die Kronen auch dementsprechende Höhenunterschiede haben und kaum einander in die Quere kommen. Drittens verschönern die meisten Pflanzen durch ihr Wachstum die Aussicht, weil ihre Silhouetten gegen den Himmel oder das Wasser in jeder Höhe schön wirken. Die Stämme beeinträchtigen das Panorama keineswegs, sondern verbessern es eher. Und last but not least, vertraue ich auf die natürliche Auslese, weil es immer wieder Ausfälle durch Kälte, Stürme, Gewitter und Naturkatastrophen geben kann. Trotzdem sind die Überlebenschancen in meinem Garten größer als z. B. in der Karibik, wo ein einziger Hurrikan ganze Gegenden vernichten kann. Daraus ziehe ich folgende Bilanz: Nachdem die meisten

Aufgang vom Garten zum Gästetrakt

Pflanzen hier die Chance haben, viele Jahre fortzubestehen, überlasse ich die Sorgen einer länger dauernden Existenz denjenigen Menschen, die, so hoffe ich, mein „Lebenswerk" dereinst weiter pflegen werden. Wichtig ist, dass viele Freunde, Besucher, meine Familie und ich selbst uns jetzt daran erfreuen dürfen und dass es deswegen vielleicht gelingt, eine Stiftung oder etwas ähnliches zu gründen, welche den Fortbestand sichert. Was die anderen Pflanzen im Garten betrifft, so habe ich sie natürlich so gesetzt, dass sie einander auch bei kräftigem Wachstum in Zukunft nicht behindern sollten und die schöne Aussicht erhalten bleibt. Jedoch lassen Sie uns jetzt den Rundgang weiter führen.

Neben der *Ceroxylon* steht ein großes Exemplar der *Arenga engleri* aus Taiwan, die bereits über 2 m lange Fiederblätter hat, was in Kultur im Freien in unserem Klima für tropische Palmen eine Seltenheit ist. Wissenschaftler erklären es damit, dass Taiwan in früheren Zeiten viel nördlicher lag und die Palme ihre Kälteresistenz behalten hat.

Die Nationalblume von Bolivien

Nun folgt eine Pflanze, die auch eine amüsante Geschichte hat: Eines Tages brachte mir eine befreundete Dame aus der Westschweiz, die gerade in Bolivien gewesen war, von dort einen unordentlichen, halb verdorrten Strauch mit, den sie mir mit freudestrahlendem Gesicht überreichte. Mit charmantem französischem Akzent sagte sie: "Carl, c' est pour toi ... isch abe im Flugzeug für disch gebracht, voilà: La fleur nationale de la Bolivie ... die Nationalblume von Bolivien, eine echte, wie sagt man? Cantuda!"

Meine Frau und ich schauten uns an, schließlich bedankte ich mich etwas überschwänglich und setzte das, was von den Wurzeln noch übrig geblieben war, in die Erde und begoss es noch höflichkeitshalber. Da der Strauch von anderen Pflanzen bald überwuchert war, vergaß ich ihn, bis mich die Dame beim nächsten Besuch wieder danach fragte. Verlegen ging ich mit ihr zur Stelle und siehe da, es waren einige winzige Knospen am Stämmchen, immerhin, wahrscheinlich dank des vielen Gießens meiner Frau schien sich das kleine Ding, das immer noch jämmerlich aussah, etwas erholt zu haben. Aber es sollten noch zwei Jahre vergehen, bis die Pflanze hochgewachsen war und eines Tages tatsächlich ein Büschel voll zarter roter Glockenblüten zeigte. Inzwischen hatte ich auch den gültigen botanischen Namen herausgefunden (*Cantua buxifolia*), nachdem ich ihn zunächst wegen des bezaubernden Akzents der Dame nicht richtig verstanden hatte. Jedenfalls gehört sie heute zu den Schmuckstücken meines Gartens und jedes Mal, wenn die Dame zu Besuch kommt und Freunde mitbringt, eilt sie zu diesem Strauch und jubelt: „Das abe isch dem Carl mitgebracht, voilà, die Nationalblume von Bolivien." Jedenfalls werden Besucher aus Bolivien mit Nationalstolz erfüllt sein, wenn sie die vertrauten heimatlichen Glockenblüten sehen.

Jubaea Square

Gleich neben dem Steintisch, im Zentrum dieses Terrains, steht eine chilenische Honigpalme (*Jubaea chi-*

Wie eine Bucht in der Südsee mutet diese abendliche Aussicht an.

Inzwischen sind wir an einer kleinen Terrasse angelangt, hinter deren Glastür unser Innenschwimmbad ist.
Es würde zu weit führen, alle Innengewächse zu schildern, denn dieses Buch handelt ausschließlich von den Pflanzen draußen in meinem Garten. Eine einzige Ausnahme natürlich: meine Lieblingspalme, die *Cocos nucifera*, die Echte Kokospalme und wie gesagt, die Einzige, die in einem Topf steht und hier im Innenschwimmbad ihr Winterquartier hat. Im Sommer steht sie weiter unten beim Felsenschwimmbad neben der „Tahiti Terrasse" auf der eigens für sie geschaffenen „Cocos Palm Place".

Die Große Palmenallee

Aber lassen Sie uns weitergehen, entlang der herrlichen „Großen Palmenallee", die neben Hanfpalmen auch einige *Sabal texana* aufweist sowie etliche *Citrus*-Büsche. Darunter die ausgezeichnet schmeckenden Kumquats (*Fortunella japonica*) und diverse blühende Sträucher wie orangenfarbige *Tecomarie capensis* – eine immergrüne Trompetenblumenart, die sonst nur an der Riviera anzutreffen ist. Außerdem die dem *Plumbago* ähnliche *Ceratostigma willmottianum*, den Bleiwurz *Plumbago auriculata*, einen sehr großen Winterjasmin (*Jasminum nudiflorum*) sowie einen herrlich duftenden *Philadelphus* und eine wunderschöne *Lagerstroemia indica*, die im Herbst blüht. Darunter einen *Dasylirion acrotrichum* und dazwischen wie überall im Garten Azaleen, die im Frühling ein Meer von Farben präsentieren. Außerdem ein paradiesischer Duft vom *Rhododendron Lady Alice Fitzwilliam, der* fast in allen Teilen des Gartens durch die Luft schwebt und im Sommer von dem betörenden Geruch des *Pittosporum tobira* abgelöst wird.

Der Dattelpalmenplatz

Nun haben wir das Zentrum des Gartens erreicht und sind auf dem „Dattelpalmplatz", in dessen Mitte die traumhaft schöne und sehr hohe Echte Dattelpalme steht, mit meterlangen Wedeln, praktisch das „Wahrzeichen" unseres Paradieses. Ich habe diese Palme, wie gesagt, von meiner Frau vor einigen Jahren zu einem runden Geburtstag erhalten. Sie musste mit einem großen Helikopter gesetzt werden. Leider konnte Stella

Blue Palm, Brahea armata, Washingtonia robusta **und die Dattelpalme friedlich vereint am Ende der Terrasse des Felsenschwimmbads**

mich damit nicht überraschen, da ich den ohrenbetäubenden Lärm des Helis nicht überhören konnte. Aber ich habe mich natürlich außerordentlich gefreut, weil die meisten Pflanzen im Garten entweder als Sämling oder durch Samen entstanden sind. Obwohl manche heute schon eine beachtliche Höhe haben, so wachsen die meisten Palmen sehr langsam, wogegen dieses Exemplar schon an die 100 Jahre alt sein dürfte, der Größe nach zu schließen. Diese Palme wurde per Schiff von Tunis nach Anzio (in der Nähe Roms) zu einem Spezialisten für Palmen gebracht und von dort mit dem Lastwagen nach Brissago, wo sie dann der Helikopter übernommen hat. Inzwischen ist sie gut eingewachsen und dominiert mit brillanter Präsenz ihre Umgebung. Da es ein männliches Exemplar ist, zum Fruchten aber beide Geschlechter braucht, warte ich, bis meine „Datteldamen" erwachsen sind, was aber nicht ich zu bestimmen habe, sondern die Natur.

Rund um die Butia- Corner

Links davon ist die „*Butia*-Corner", wo einige Geleepalmen aus Urugay und Argentinien stehen (*Butia capitata* und *Butia eriospatha*) sowie eine *Rhapis humilis* aus China. Auf der anderen Seite ein außerordentlich schöner und recht großer Palmfarn *Cycas revoluta*, ein Überbleibsel aus der Steinkohlezeit, eine größere *Washingtonia robusta* und eine kräftige *Brahea armata*.

Vis-à-vis auf der Bergseite sind einige Büsche und Bäume. Darunter ein sehr schöner *Pittosporum*, ein *Pieris japonica*, verschiedene Strauchveronikas (*Hebe*), ein Liguster (*Ligustrum japonica variegata*) und andere. Außerdem eine sehr schöne Gruppe von *Trachycarpus-Palmen*, eine *Cordyline australis*, eine grüngraue Geleepalme (*Butia)*, eine *Sabal minor*, ein kleiner Palmfarn (*Cycas revoluta*) und dann die Palme mit den größten Fächerblättern in meinem Garten (ca. 2 qm!), *Sabal* Riverside, von der kein Mensch weiß, woher sie stammt (siehe vorige Seite). Jedenfalls habe ich sie in Kalifornien bekommen, beziehungsweise den Samen, und glaube, dass die Mutterpflanze dort gezüchtet wurde. Ein absolutes Prachtexemplar, dass mich an die riesigen Fächer der Sychellennusspalme erinnert (*Lodoicea maldivica*), die ich im Urwald von Praslin gesehen habe. Daneben sind einige mittlere Hesperidenpalmen (*Braha* spec.).

Nun kommt eine Palme, die für deutsche Leser besonders interessant sein dürfte und die in den nördlichen USA schon Temperaturen von gegen minus 30 Grad (!!!) überstanden haben soll. Eine sehr schön gewachsene *Rhapidophyllum hystrix,* die regelmäßig blüht und fruchtet. Merkwürdigerweise braucht sie große Sommerhitze, um danach einen strengen Winter zu überstehen. Wahrscheinlich hat sie beides an gewissen Orten in Florida, wo sie herstammt, denn im Winter kommen dort manchmal fatale Nordstürme („The northern") bis in die milden Gegenden, die meist einen großen Teil der dort gezüchteten Pflanzen (vor allem *Citrus*) ruinieren. Ich bin aber überzeugt, dass es Gebiete in Deutschland gibt, die solche Voraussetzungen, was die Sommerhitze betrifft, erfüllen.

Am gleichen Hang hat es noch eine eher seltene *Butia eriospatha* var. Virescens, die grün ist statt graublau, sowie eine ebenfalls seltene Fächerpalme, *Trithrinax campestris* von der argentinischen Pampas, eine *Sabal etonia* mit unterirdischem Stamm. Dann ein schönes Exemplar der *Arenga engleri*, einige *Trachycarpus fortunei* sowie eine Gruppe von *Chamaedorea microspadix* und *Chamaedorea radicalis*. Sehr hübsch ist auch eine Palme, die sie noch nicht kennen, eine *Livistonia australis*, die allerdings recht langsam wächst.

Das Felsenschwimmbad

Nun kommen wir zum schönsten Platz des Gartens, nämlich zum „Felsenschwimmbad", welches ich „blaue Lagune" getauft habe, weil es genau so aussieht. An der Ecke ist eine Steinbank unter riesigen, über 5 Meter hohen, Bananen-Stauden *Musa basjoo* und zwei beachtlichen chinesischen Schirmpalmen (*Livistonia chinensis*). Von dort nichts wie rein in das herrliche Blau und silbern schimmernde glasklare Wasser, welches übrigens nachts „unterirdisch" beleuchtet ist und mit der reflektierenden felsigen Umgebung einen wahrhaft „überirdischen" Eindruck erweckt. Besonders dann, wenn die kleinen Wasserfontänen, die ich angebracht habe, eingestellt sind. Links steigt eine Felswand in die Höhe, die ich „Acapulco-Rock" getauft habe. Von dort springen die Kinder ins darunter liegende Becken. (Ich selbst früher übrigens auch.) Eine riesige *Agave americana* hängt über dem Wasserspiegel, umgeben von anderen Arten wie *Agave ferox und Agave sisalana*. Außerdem sind in den Felsennischen verschiedene Palmen, darunter eine *Syagrus romanzoffiana* und die äußerst seltene *Satakentia* von den Riukiu-Inseln, die der Echten Kokospalme sehr ähnlich sehen soll, wenn sie groß ist, worüber ich mich jetzt schon sehr freue.

Weiter oben geht der Felsen in einen Hang über mit ebenfalls sehr vielen, zum Teil recht großen Palmen sowie verschiedenen Yuccas, die sich fantastisch gegen den blauen Himmel abheben. Außerdem wachsen einige Arten *Beschornerias* aus Mexiko, deren riesige Blütenstände in leuchtendem Rot weit über die blaue Wasserfläche hinausragen. Am gegenüberliegenden Ende des Bades ist die mit Holz und Stroh überdachte „Tahiti-Terrasse", mit großem Steintisch, der raffiniert über die Pumpanlage gebaut wurde und einen Eisschrank besitzt, so dass man an heißen Sommertagen im Schat-

Rechts: Tropische „Gewächsorgie" auf dem Weg zur blauen Lagune
Nächste Seite: Der einmalige Felsenpool umrahmt von Pflanzenpracht

Blick von „Arizona-Mexiko" nach oben in den tiefblauen Himmel

ten sitzen und eisgekühlte Getränke genießen kann. Das alles mag nach ungeheurem Luxus und viel Geldverschwendung klingen, aber ich darf erinnern, dass ich alles selbst geschaffen habe, selten mit ein paar Hilfsarbeitern, wie ich es im vorhergehenden Kapitel beschrieben habe. Der Sinn des Buches soll sein, Sie liebe Leser, zu animieren, bei Ihnen zu Hause etwas Ähnliches zu kreieren und ich bin überzeugt, dass es Ihnen nicht nur viel Freude machen wird, sondern dass Sie, vor allem an Ihren „alten" Tagen, das Ganze von Herzen genießen können.

Über dem Dach ragt eine außerordentlich schöne *Eryobotrica japonica*, eine Art Mispel mit großen immergrünen Blättern und herrlichen Früchten. Darüber steht, der bekannte Neuseeländer Flachs *Phormium tenax* und wiederum verschiedene Palmen.

Das Dach der Terrasse wird von „römischen Säulen" getragen, die ich seinerzeit aus alten Betonmasten selbst konstruiert habe, wobei „Füße" und Deckenstütze in Kartons mit flüssigem Zement gegossen wurden. Sie werden von blauen Waldreben (*Clematis*) umwunden, während zu ihren Füßen Erd-Orchideen blühen (*Bletilla chinensis*) und eine *Chamaedorea radicalis* daneben kauert. Direkt neben dem Steintisch ist der „Cocos-Palm Place", wo meine geliebte Echte Kokospalme im Sommer steht und direkt vis-à-vis, am anderen Ende der „Blauen Lagune" steht eine große *Butia capitata* aus Brasilien. Das Ganze wird verbunden durch eine rund 30 Meter lange Balustrade auf der Seeseite, deren geschwungene Säulen dem unvergleichlichen Panorama eine besondere Note verleihen.

Seychellenweg, Arizona und Mexiko

Rechts vom Kokosnussplatz führt ein gewundener Pfad durch einen riesigen Bambuswald (*Phyllostachys aurea* und andere) nach oben zum Haus und den übrigen

Teilen des Gartens. Er wurde „Seychellenweg" benannt, weil er sich um Granitfelsen schlängelt, die ich auch dort gesehen habe. Es sollen die einzigen Granitinseln auf unserer Erde sein, was zusammen mit den vorhin erwähnten Riesenpalmen darauf schließen lässt, dass es sich beim Spalten des Urkontinentes Pangäa vor über 160 Millionen Jahren um gewaltige Bergmassive handeln musste, die übriggeblieben waren und deren Spitzen heute die Seychellen bilden! Eine fantastische Vorstellung! Links unterhalb der Dattelpalme ist der trockenste Teil meines Gartens, der auch nie gespritzt wird. Ich habe ihn „Arizona" und „Mexiko" genannt, weil ein großer Teil der Pflanzen aus diesem Grenzgebiet stammt. Da ist z. B. die weithin sichtbare *Yucca rostrata* mit ihrem atemberaubend traumhaften Schopf, der wie ein erstarrter Kugelblitz aussieht. Dann die *Yucca carnerosana* mit ihrem kräftigen dicken Stamm und den schwertartigen Blättern, die *Yucca elephantipes*, die ihrem Namen durch die großen Ausmaße alle Ehre macht und nochmals alle *Yucca*-Arten, die ich bereits erwähnte. Natürlich gibt es auch Opuntien und Kakteen in verschiedenen Formen sowie viele Wüstenblumen, aber auch Passionsblumen (*Passiflora* spec.) in Traumfarben und erlesenen Gestalten.
Außerdem ist ein riesiger stacheliger Gesell dabei, eine *Caesalpina japonica* (syn. *C. decapetala*) mit Tausenden von goldgelben Blüten, deren Zweige wie kleine Weihnachtsbäume aufrecht stehen. Auch eine erst kürzlich entdeckte Palme *Guihaia agryrata* steht da sowie ein schönes Exemplar der Mazzari-Palme (*Nannorhops ritchiana*) aus Afghanistan, die für Deutschland sehr interessant sein dürfte, da sie bis minus 26 Grad (!) erträgt. Daneben eine Sisal-Agave, aus der „Tequila-Schnaps" gewonnen werden kann. Weiter unten noch die herrlich duftenden Kampferbäume (*Camphora*), *Nerium oleander* in verschiedenen Farben und ein Relikt aus fernen Zeiten, der berühmte *Ginkgo biloba*, außerdem *Fatsia japonica* und Hortensien.

Die südliche Halbkugel

Sie ist durch die wichtigste Flora von Australien, Neuseeland, Südafrika und Südamerika vertreten, die aber bereits zum größten Teil bei den tropischen Pflanzen mit einbezogen wurde, so dass ich hier nur diejenigen Arten erwähnen möchte, von denen ich noch nicht erzählt habe. Das sind neben den Palmen in erster Linie die sogenannten „Mimosen", bei denen es sich aber botanisch meist um australische Akazien handelt, von denen es ca. 800 Arten gibt. Davon habe ich die wichtigsten (*A. acuminata, A. baileyana, A. cardiophylla, A. armata, A. retinodes*). Im Vorfrühling ist dies eine goldgelbe Pracht und ein Duft, der unbeschreiblich ist!
Von den über 500 Arten des Eukalyptus habe ich auch zahlreiche, darunter *E. gunnii, E. niphophila, E. Debeuzeville* und *E. ficifolia*, ein besonders schöner Eukalyptus mit rosa Blüten. Auch in dieser Gegend duftet es betörend, das ganze Jahr!
Eine *Jacaranda mimosifolia,* einen wunderschönen *Schinus Molle* dann die einmalig prachtvollen Farnbäume (*Dicksonia antarctica*) aus Australien und Neuseeland (die über 20 m hoch werden können), die *Araucaria* aus Chile und, und, und.
Zum Schluss fallen mir noch Tausende von Blumenarten aus allen Kontinenten ein. Kurz: Vom Edelweiß bis zur *Bougainvillea* sind alle wichtigsten Arten vertreten.

Caesalpina japonica – eine gefährliche Stechpflanze, die aber im Frühling eine wunderbare goldene Blüte zeigt.

Die Welt der

Palmen

Lebensbedingungen der Palmen

Die Welt der Palmen ist nicht nur ausgesprochen schön, sondern auch unermesslich, gibt es doch Tausende von verschiedenen Arten. Fast alle wachsen und gedeihen in tropischen Gebieten, aber nur eine ist praktisch allgemein bekannt: Die Kokospalme oder mit ihrem lateinischen Namen *Cocos nucifera* (die Nusstragende).

Sie ist eine der schönsten Pflanzen der Welt. Ihr edler Wuchs ist auf unzähligen Reiseplakaten und Prospekten zu sehen. Dadurch ist sie für uns sozusagen zum Sinnbild des Südens geworden; zum Begriff von Traumferien auf einsamen Inseln mit ewig blauem Himmel an romantischen Badestränden. Kurz: Flirt, Liebe, Wärme, Romantik, Wasser und noch vieles mehr.

Aber nicht nur die hinreißende Form der Kokospalme ist einmalig, sondern auch die Tatsache, dass sie zu den wichtigsten Nutzpflanzen unseres Planeten gehört. Praktisch jeder Teil kann verwertet werden. In erster Linie natürlich als Nahrung. Jeder hat sie schon mal gegessen, die wohlschmeckende Frucht mit der zarten Flüssigkeit im Inneren, der Kokosmilch.

Leider ist es unmöglich, sie in Europa im Freien zu pflegen. Trotzdem wollte ich sie keinesfalls vermissen. So habe ich ein Exemplar, welches im Sommer an unserem Felsenpool steht und im Winter im Innenschwimmbad, wo ich täglich ein bis zwei Stunden gegen einen künstlichen Wasserstrom „kämpfe“. So kann ich sie ständig sehen und bewundern. Übrigens, ist sie die einzige Pflanze in meinem Garten, die im Topf steht; aber ich will auf diese Königin nicht verzichten.

Eine andere Palme, die auch sehr berühmt und von außerordentlicher Bedeutung für uns Menschen ist, ist die Dattelpalme *(Phoenix dactylifera)*.

Auch bei ihr sind es in erster Linie die herrlichen Früchte, welche für unzählige Menschen die Hauptnahrung bedeuten, umso mehr als sie in getrockneter Form lange haltbar sind und so auf alle möglichen Arten verwendet werden.

Natürlich werden bei dieser Palme auch zusätzlich Stamm und Blätter genutzt, was vor allem in den Wüstenoasen, ihrer Heimat, ein großer Vorteil ist. Aber gerade diese Herkunft lässt sie neben enormer Hitze auch Temperaturen um 0° C vertragen, was sie für unsere Breitengrade besonders interessant macht. Wenn sie auch nicht die hinreißende Eleganz der Kokospalme besitzt, so wirkt sie in Einzelstellung doch absolut majestätisch, was bereits von Aristoteles gewürdigt wurde. Auch in meinem Garten dominiert ein Exemplar alle übrigen Pflanzen und ihre mächtige Gestalt hebt sich grandios von der darunter liegenden Wasserfläche des Sees ab.

Die Dattelpalme ist eine der ältesten Kulturpflanzen. Die ersten Hinweise sollen über 8.000 Jahre alt sein. Es überrascht deshalb kaum, dass im Altertum lange Zeit die Bezeichnung „Phoenix“ für sämtliche Palmen verwendet wurde.

Die Palmenarten

Generell unterscheidet man auf Grund der Blattformen zwischen *Fiederpalmen* und *Fächerpalmen.*

Da aber rund 200 Gattungen mit über 3.000 Arten existieren und immer wieder neue entdeckt werden, möchte ich hier nur einige erwähnen, deren Eigenheiten fast unglaublich sind.

So gibt es welche, deren Stamm steil wie ein Kirchturm bis zu 70 m (!) in die Höhe reicht (*Ceroxylon quindiuense),* aber sogar das wird noch übertrumpft durch gewisse Kletterpalmen (*Calamus*), die eine Länge von sagenhaften 300 m (!) erreichen können, während andere (*Chamaedorea stenocarpa*) in Zentimetern gemessen werden müssen. Die größte und schwerste Frucht des Pflanzenreiches (bis 25 kg) wächst an einer Palme auf den Seychellen (*Lodoicea maldivica*), die übrigens 800 Jahre alt werden kann und riesige Fächerblätter von der Größe einer Zimmerwand trägt. Jedoch gibt es auch Fiederblätter, die bis zu 25 m lang (*Raphia regalis*) werden können.

Ich würde gerne stundenlang über diese phänomenalen Tatsachen erzählen, aber leider muss ich mich hier in erster Linie auf eine Auswahl von den immerhin mehr als hundert subtropischen Arten beschränken, die in Europa gedeihen können und auch in meinem Garten wachsen.

Nur Wenige wissen, dass davon fast alle im Laufe der Zeit importiert und akklimatisiert wurden, denn außer *Chamaerops humilis*, einer einheimischen Pflanze aus dem Mittelmeerraum, und der erst kürzlich in Kreta entdeckten *Phoenix theophrasti* gab es vor zwei Jahrhunderten kaum Palmen im damaligen Europa. Man stelle sich vor: Der Tessin oder die Riviera – ohne Palmen.

Die Fortpflanzung

Das „Geschlechtsleben der Palmen“ ist dem der Menschen überraschend ähnlich. Es gibt „männliche“ und „weibliche“ Exemplare, an denen sich Blütenstände (Infloreszenzen) mit den entsprechenden Blüten entwickeln. Hier handelt es sich also um „zweihäusige Pflanzen“, bei denen der Blütenstaub (Pollen) des männlichen Exemplars durch Wind oder Insekten zur Samenanlage befördert wird, die sich in den Blüten der weiblichen Palmen befindet. Dort keimen die Pollenkörner im sogenannten Pollenschlauch und diese männlichen Keimzellen befruchten die Eizelle. Klingt reichlich kompliziert – und ist es auch! Auf jeden Fall ein Wunder und eine Auswahl, wie bei der Entstehung jeglichen Lebens.

Aber nun wird es etwas komplizierter: Es gibt auch einhäusige Palmen, bei denen sich männliche und weibliche Blüten auf der gleichen Pflanze, ja, teilweise am gleichen Blütenstand befinden. Hier erfolgt die Bestäubung auf ähnliche Weise, wie zuvor erwähnt. Und zu guter Letzt existieren auch „zwittrige“ Blüten, die sich selbst bestäuben! Außer dieser natürlichen Fortpflanzung findet noch eine vegetative Vermehrung statt, die jedoch keine größere Bedeutung hat. Wenden wir uns deshalb dem nächsten Kapitel zu, dessen Inhalt alle Palmenliebhaber in Deutschland besonders interessieren dürfte.

Washingtonia robusta **und** ***Butia capitata*** **entlang der Balustrade am Felsenpool**

Freilandpalmen in Deutschland

Howea forsteriana **(Paradiespalme) ist für eine Freilandspflanzung in Deutschland nicht geeignet**

Diese Überschrift wird das Herz vieler deutscher Palmenfreunde schneller schlagen lassen. Immer und immer wieder bin ich gefragt worden: Ob überhaupt? Und wo? Und wie? Die Antwort ist: **Ja.**

So viel mir bekannt ist, wurde dieses Thema bis jetzt in keinem Palmenbuch ausführlich behandelt. Umso mehr freut es mich, meine über 30-jährige Erfahrung, und die Resultate meiner ebenso langen Korrespondenz mit vielen Fachleuten auf der ganzen Welt, die Kälteresistenz der Palmen betreffend, Ihnen jetzt zur Verfügung stellen zu können. Aber lassen Sie mich zunächst die Vorgeschichte streifen.

Einer der Ersten und Wichtigsten, die in Deutschland öffentliches Interesse an Palmen weckten, war Karl Friedrich Philipp von Martius (1794–1868), von 1826–64 Professor der Botanik in München. Er leitete im Auftrag des österreichischen Kaisers eine dreijährige Expedition durch Brasilien und brachte von dort große Mengen von Saatgut und Jungpflanzen in den botanischen Garten nach München. Es soll sogar heute noch einige Exemplare geben, die von dieser Reise stammen.

Außerdem schrieb er mehrere Bücher, darunter „Historia naturalis palmarum“ (3 Bände, 1827–32). Während sich noch früher lediglich die reichen Adligen sogenannte „Orangerien“ (wo auch unter anderem Palmen gepflanzt wurden) leisten konnten, änderte sich dies schlagartig, als die ersten heizbaren Gewächshäuser (in München 1818) konstruiert wurden und auch weniger begüterte Bürger sich Einblick in das Leben fremdländischer Pflanzen leisten konnten.

All das war für botanisch interessierte Laien natürlich ein Ansporn, auch private Züchtungen zu versuchen, so dass Ende des 19. Jahrhunderts immer öfter Palmen in Töpfen als Schaustücke für Salons und dergleichen verwendet wurden. Man denke nur an die prunkvollen Repräsentationsräume der Nobelhotels aus der sogenannten „viktorianischen Zeit“.

Eigentlich ist das so bis heute geblieben, wenn man in Betracht zieht, dass auch die moderne Architektur Palmen zu Dekorationszwecken verwendet (Cafés, Kunsthallen, Einkaufspassagen, Schaufenster). Allerdings hat es sehr lange gedauert (bis Mitte des letzten Jahrhunderts), bevor man versucht hat, diese herrlichen Pflanzen auch bei uns im Freien zu züchten.

Zuerst waren es botanische Gärten (Bonn, Frankfurt), welche versuchsweise – zunächst in Töpfen, später in den Boden gepflanzt – die kälteresistentesten Arten mit mehr oder weniger Winterschutz draußen überwintern ließen. Daraufhin folgten wiederum die Privaten und natürlich die Gärtnereien, welche die Samen und Jungpflanzen lieferten. Ein besonderes Lob verdient in dieser Beziehung Tobias Spanner (München), der zusammen mit seinem englischen Kollegen Martin Gibbons (London) mehrere Forschungsreisen nach Asien und Südamerika unternahm, um Samen von kälteresistenten Palmen zu sammeln, wobei er sogar einige bis dahin unbekannte Arten fand. Auch in meinem Garten stehen etliche Pflanzen, die ich ihm zu verdanken habe.

Im Ausland wurden solche Experimente meist viel früher versucht. Doch war es wiederum ein Deutscher, Dr. Philipp F. von Siebold (1796–1866), welcher von 1823–30 in Java und Japan als Arzt tätig war und nebenbei für eine holländische Gesellschaft Samen und Pflanzen nach Europa mitbrachte. Darunter befand sich auch die inzwischen berühmte Hanfpalme *Trachycarpus fortunei*, die heute in unzähligen Gärten der Südschweiz und Oberitaliens steht.

Der deutsche Botaniker Hermann Wendland (1825–1903) benannte sie nicht nach von Siebold, sondern nach dem englischen Forscher Robert Fortune (1812–86), der um die gleiche Zeit ebenfalls in Japan und Ostchina tätig war, wo diese Palme scheinbar schon damals kultiviert wurde.

Ursprünglich soll sie aus der Gegend von Nepal stammen, wo ihr Samen durch Vögel immer höher im Himalayagebiet verbreitet wurde, um schließlich in Gebieten zu gedeihen, die im Winter voller Schnee waren, was ihre Kälteresistenz erklärt.

Trotz starker Beteiligung deutscher Wissenschaftler, ist kaum etwas bekannt über damalige Zuchtversuche im Freien in Deutschland. In den nördlichen Nachbarländern wie Belgien, Holland, England und sogar Schottland jedoch experimentiert, man fleißig mit dem Resultat, dass in Edinburgh heute noch ein Exemplar seht, das aus dieser Zeit stammt und lange als „nördlichste Freilandpalme der Welt" galt (56. nördlicher Breitengrad)

Inzwischen hat mir allerdings der Schweizer Dendrologe Dr. M. Walder versichert, er hätte sogar eine Hanfpalme in Inverewe NW von Loch Ness und 58. nördlicher Breitengrad gesehen, was ich kaum glauben konnte, wenn ich nicht wüsste, dass ein schwedischer Bekannter (und Mitglied der internationalen Palm-Society) in Göteborg (gleicher Breitengrad) diese und andere Pflanzen züchtet. Man stelle sich vor – Palmen in Schweden, im Freiland!

Butia eriospatha

Panoramasicht auf vis-à-vis liegendes italienisches Ufer mit Bougainvillea im Vordergrund

In diesem Zusammenhang soll noch erwähnt werden, dass ich über eine umfangreiche Korrespondenz betreffend Kälteresistenz mit Palmfreunden in aller Welt erfahren konnte, dass zum Beispiel in den USA in Franklin, Ohio, eine *Trachycarpus fortunei* sowie in Rome, Georgia, eine *Sabal minor* 24° C unter null (!) überstanden haben sollen. Den absoluten Kälterekord haben in Knoxville, Tennessee ein paar „Needle-Palms" (*Rhapidophyllum hystrix*) erreicht mit sage und schreibe 31,5° C unter null – allerdings zu 50% beschädigt, aber immerhin ein Teil der Pflanzen überlebte.

Natürlich sind dies Extreme, aber ich habe es erzählt, um zu dokumentieren, dass es keinesfalls illusorisch ist, auch in Deutschland Palmen im Freien zu kultivieren. Im Gegenteil, ich kenne bereits viele Menschen, die diesem Hobby frönen und zum Teil beachtliche Resultate erzielt haben.

Eine wesentliche Voraussetzung dafür ist es eine Gegend zu wählen, die relativ milde Wintertemperaturen hat, also zum Beispiel das Rhein-Main-Gebiet, Bodensee, geschützte Buchten an der Nordsee. Obwohl ich Bekannte habe, die in München, in Oberbayern, am Vierwaldstättersee und an ähnlichen relativ ungeeigneten Orten Palmen ins Freiland gesetzt haben, so braucht es spezielle Bedingungen, um erfolgreich zu sein.

Von großer Bedeutung ist das Wissen, woher die Mutterpflanze stammt, da die Kälteresistenz der Sämlinge dementsprechend ist. So ist zum Beispiel eine *Phoenix* aus der Umgebung von Athen, wo es überraschend oft Schnee gibt, viel robuster als die gleiche Art aus Elche (Südspanien) oder der Sprössling einer Hanfpalme aus Bonn härter als der aus dem Tessin. Bitte denken Sie daran. Heute gibt es einige Spezialgärtnereien in Deutschland, die diesen Tatsachen Rechnung tragen, so dass man am besten dort Jungpflanzen bezieht.

Eine weitere äußerst wichtige Voraussetzung ist der Standort der Pflanze also vor allem im Winter: Möglichst sonnig und warm, gegen Süden windgeschützt und nahe einem Gebäude.

Von großem Vorteil wäre es auch, wenn die Palme an einem Kellerfenster o.ä. gepflanzt würde. Nicht nur, weil eine eventuelle Spiegelung im Glas zusätzlich wärmt, sondern auch weil man es im Bedarfsfall öffnen könnte, wodurch warme Luft ausströmt. Auch neben einer Feuerstelle, die im Sommer als Außenkamin oder Grill dient, wäre ein guter Platz, da man bei außergewöhnlich tiefen Temperaturen heizen könnte. Bei starkem Frost oder Schnee kann man die Pflanze außerdem abdecken oder mit Zelten oder alten Sonnenschirmen schützen. In kälteren Regionen ist es auch empfehlenswert, elektrische Heizdrähte in den Boden zu verlegen. Wichtig ist vor allem, dass der Boden nicht friert, weil dies Schaden am Wurzelwerk anrichten kann. Wenn oberirdische Teile wie Blätter und Stängel erfrieren und schwarz werden, heißt das nicht unbedingt, dass die Pflanze zerstört ist. Sie könnte im Frühling wieder austreiben.

Palmen für Mitteleuropa

Die angegebenen Minimaltemperaturen sind so berechnet, dass immer noch eine gewisse Reserve einkalkuliert ist. Das heißt, sollten sie geringfügig überschritten werden und die Kältewelle nur kurzfristig dauern, besteht keine Gefahr für die Pflanze. Wenn allerdings eine längere Kälteperiode zu erwarten ist, die wesentlich tiefere Temperaturen bringt, so müssen unbedingt Schutzmaßnahmen ergriffen werden.

Dies gilt natürlich auch für alle anderen Palmen, bei denen ebenfalls die entsprechenden Minimaltemperaturen aufgeführt sind. In erster Linie für Leser, die in wärmeren Gegenden wie Italien, Frankreich, Spanien oder im Tessin den Winter verbringen und dort südländische Pflanzen züchten wollen.

Arenga engleri

Im Übrigen gibt es auch in Deutschland Orte, an denen ein besonders mildes „Mini-Klima“ herrscht, welches eigene Erfahrung verlangt. Auch bei mir im Tessin sind die Werte in meinem Garten durchaus milder als in der näheren Umgebung. Das hat bestimmt dazu beigetragen, dass alle in der Folge aufgeführten Palmenarten bei mir gedeihen und zusätzlich noch viele heiklere, die sonst nur in den Tropen wachsen.

Fazit: Betrachten Sie, liebe Leser und Leserinnen, all dies in erster Linie als Hilfe und Anregung, denn entscheiden werden Sie ja doch selbst.

*Die mit * bezeichneten Palmen können ohne großes Risiko in den milderen Gebieten von Deutschland gepflanzt werden, die übrigen nur mit Winterschutz*

Brahea dulcis

ARENGA

Arenga ist die javanische Bezeichnung für Zuckerpalme. Eine Gattung von tropischen Palmen aus Südostasien, von denen Zucker, Stärke und Wein gewonnen wird, mit vielen Arten, von denen nur eine in gemäßigten Zonen gedeiht.

ARENGA ENGLERI

Namensherkunft: A. Engler, deutscher Botaniker (1844–1930). **Heimat:** Taiwan, Riukiu-Inseln. **Geschlecht:** einhäusig. **Form:** Fiederblätter, buschig, horstbildend. **Höhe:** in Kultur bis 3 m. **Früchte/Samen:** braucht lange Zeit zum Keimen, besser Sämlinge. **Erde:** gelockert, wasserableitend, gut düngen. **Winterhärte:** -5 °C.

Attraktive Palme, deren große Fiederblätter auf der Unterseite silbern glänzen. Braucht viel Platz, da sie sich ausbreitet.

BRAHEA

Namensherkunft: Tycho Brahe, dänischer Astronom (1546–1601). Eine Gattung recht robuster Palmen von der Baja California und Mexiko, von denen die schönste große Chancen hat in Deutschland im Freien zu wachsen. Sonniger Standort für alle Arten.

BRAHEA ACUELATA

Namensherkunft: acuelata (lateinisch) bedeutet stachelig. **Winterhärte:** -5 °C.

*BRAHEA ARMATA**
Blaue Palme

Namensherkunft: armatus (lateinisch) bedeutet bewehrt. **Heimat:** Nordwesten von Mexiko, Baja California. **Geschlecht:** zwittrig. **Form:** Fächerpalme, später costa-palmate, einzelstämmig. **Höhe:** in Kultur bis 8 m, sonst bis 15 m. **Früchte:** ca. 2 cm, braun. **Samen:** keimt in zwei bis vier Monaten. **Erde:** Gartenerde mit Sand vermischt, wasserableitend. **Winterhärte:** -12 °C.

Neben der Kokospalme ist *Brahea armata* für mich eine der schönsten Palmen überhaupt, vor allem in der Blütezeit. Der grandiose elfenbeinfarbige Blütenstand bildet sich zwischen den riesigen blaugrünen Fächerblättern und umhüllt die Pflanze mit 5 bis 6 m langen Bögen, aus denen viele Rispen mit unzähligen Blüten hervorbrechen.

Ein Traumbild, das vor allem durch Farbkontrast eine fast übernatürliche Erscheinung darstellt. Meine Glückwünsche jedem Palmenfreund, dem es gelingt im Norden diese prachtvolle Pflanze zu züchten.

Brahea armata in Blüte (Riviera)

Butia capitata

BRAHEA BRANDEGEEI
San José Hesperidenpalme

Namensherkunft: T.S. Brandegee, kalifornischer Sammler um 1900. **Winterhärte:** -6 °C. Stattliche Palme, die bis über 20 m hoch wird.

BRAHEA DULCIS

Namensherkunft: dulcis (lateinisch) bedeutet süß.
Winterhärte: -5 °C
Für diejenigen, die nichts unversucht lassen wollen und alle Voraussetzungen (Heizdrähte etc.) für einen effektiven Winterschutz schaffen, möchte ich diese Pflanze empfehlen, vor allem ihrer hochtropischen Blätter wegen, die gegen einen Hintergrund mit Wasser einen herrlichen Effekt ergeben. Auch als Kübelpflanze geeignet, die im Sommer draußen stehen soll.

BRAHEA EDULIS

Namensherkunft: edulis (lateinisch) bedeutet essbar. **Heimat:** Guadaloupe-Insel, Mexiko.
Es gelten die gleichen Voraussetzungen wie für *Brahea dulcis*.

BRAHEA NITIDA

Namensherkunft: nitidus (lateinisch) bedeutet glänzend. **Winterhärte:** -7 °C.
Ähnliche Blüte wie *Brahea armata*, aber nicht so spektakulär, Pflege wie *Brahea dulcis* und *Brahea edulis*.

BUTIA

Einheimischer (Indianer) Name dieser Gattung von Fiederpalmen.

BUTIA ARCHERI

Namensherkunft: W.A. Archer, brasilianischer Sammler. **Winterhärte:** -5 °C. Unauffällige Palme, die in Brasilien im Grasland wächst. Wenig kultiviert.

BUTIA ARENICOLA

Namensherkunft: arena (portugiesisch) bedeutet Sand. **Winterhärte:** -6 °C.
Ähnlich wie *Butia archeri*.

BUTIA BONNETTII

Namensherkunft: M. Bonnet, französischer Botschafter, 19. Jahrhundert. **Winterhärte:** -5 °C.
Kleinwüchsiger als die folgende *Butia capitata*.

*BUTIA CAPITATA**
Geleepalme

Namensherkunft: capitatus (lateinisch) bedeutet kopfförmig. **Heimat:** Südbrasilien, Argentinien, Uruguay. **Geschlecht:** einhäusig. **Form:** Fiederpalme, einzelstämmig. **Höhe:** bis zu 5 m. **Früchte/Samen:** 2 bis 3 cm, gelb-rötlich, lange Keimzeit (vier bis fünf Monate). **Erde:** Gartenerde oder durchlässiger Lehmboden. **Winterhärte:** -12 °C.
Butia capitata gehört zu den widerstandsfähigsten Fiederpalmen und ist damit eine Bereicherung der winterharten Palmen. Außerdem ist sie sehr schön. Die Blätter sind bogenförmig und geben der Pflanze das Aussehen eines Springbrunnens. Der obere Teil der Blätter ist der einer Kokospalme ähnlich, so dass sie von weitem zwischen anderen Pflanzen einen sehr tropischen Eindruck erweckt. Auf jeden Fall ist sie ein „Muss“ für jeden Palmenfreund im Norden.

*BUTIA PARAGUAYENSIS**

Namensherkunft: paraguayensis (lateinisch) bedeutet aus Paraguay. **Heimat:** Paraguay und angrenzende Gebiete, offenes Gelände (Cerrado). **Geschlecht:** einhäusig. **Form:** Fiederpalme, einzelstämmig, blaugrüne Wedel. **Höhe:** ca. 1,50 m. **Früchte/Samen:** eiförmig, 3 x 2 cm, zum Teil je zwei Samen, keimen langsam und nur teilweise. **Erde:**

trocken, lehmhaltig, Sand. **Winterhärte:** -13 °C.
Sie ist viel kleiner als *Butia capitata* und bekommt einen Stamm von ca. 1,50 m Höhe, also für kleinere Gärten und Patios sehr geeignet. Die Farbe der Blätter ist blaugrün und die Palme sieht dekorativ aus. Sehr empfehlenswert für Deutschland.

BUTIA YATAY

Winterhärte: -7 °C.
Zweifelsohne die schönste aller *Butias*, in erster Linie durch ihren langen schmalen Stamm (bis 12 m), aber auch durch die elegante Form ihrer Wedel. Die Früchte sind gelblich, 3 cm lang. Leider beträgt die Keimdauer bis zu zwei Jahre. Eine Palme für Fortgeschrittene.

CALAMUS

Rotangpalme, Stuhlrohr, Spanisches Rohr

Namensherkunft: calamus (griechisch) bedeutet Schilf.
Eine riesige Familie von Kletterpalmen, die hier nur erwähnt wird, weil sie über 400 Arten aufweist, die aber leider allesamt tropisch sind. Aus den dehnbaren dünnen Stämmen werden die bekannten Rattanmöbel hergestellt. Ich besitze nur eine Art, die im Garten wächst, aber erstaunlich gut gedeiht. Kann bis über 30 m lang werden. Für Deutschland leider ungeeignet.

CEROXYLON

Wachspalme

Namensherkunft: cera (lateinisch) bedeutet Wachs.
Das Merkwürdigste an diesen Palmen ist ihre unglaubliche Höhe. Bevor die kalifornischen Mammutbäume entdeckt wurden, galten sie als die größten „Bäume“ der Welt. Sie wachsen in den Anden von Venezuela bis Bolivien zwischen 2000 und 4000 m über dem Meeresspiegel und können bis zu 70 m hoch werden. Die endlos lang wirkenden Stämme erwecken den Eindruck von Marmorsäulen, weil sie mit einer Wachsschicht bedeckt sind (daher der Name). Trotzdem sind die Nachttemperaturen oft nahe am Gefrierpunkt und sie müssen oft Tageshitzen in praller Sonne von ca. 40 °C ertragen, weshalb sie außerordentlich schwer zu züchten sind – außerhalb ihres Habitats.
Ich bin deshalb froh, dass ich immerhin zwei verschiedene Arten in meinem Garten seit vielen Jahren habe, von denen besonders eine prachtvoll gedeiht. Auffallend sind die großen Fiederblätter, deren Rückseite ebenfalls mit einer leichten Wachsschicht bedeckt ist, wodurch auch die Jungpflanze sehr attraktiv wirkt. Außerhalb meiner Sammlung habe ich sie nirgends in Europa gesehen, weder in botanischen Gärten noch im Freien. Um diejenigen unter den Lesern, die „Nein“ nicht als Antwort hinnehmen, zu informieren, beschreibe ich nachfolgend die wichtigsten Arten.

Butia **in Belgien**

CEROXYLON ANDICOLA

Namensherkunft: von den Anden. **Heimat:** Berge von Kolumbien und Venezuela. **Geschlecht:** einhäusig. **Form:** Fiederpalme, einzelstämmig. **Höhe:** bis 70 m hoch, Stamm nur 70 cm breit. **Blätter:** nur an der Krone bis 7 m lang, dunkelgrün auf der Oberseite, Unterseite silbrig. **Früchte:** ca. 3 cm Durchmesser, beerenartig. **Samen:** rund, ungefähr die Größe einer Haselnuss. **Erde:** absolut saurer Boden. **Winterhärte:** -3 °C.

Ceroxylon interuptum

CEROXYLON INTERUPTUM

Heimat: Venezuela. **Winterhärte:** -5 °C.

Chamaedorea microspadix

Jubaea chilensis (spectabilis)

CEROXYLON QUINDIUENSE

Heimat: Quindio Pass, Kolumbien. **Winterhärte:** -5 °C.

CEROXYLON UTILE

Namensherkunft: utile (lateinisch) bedeutet nützlich. **Winterhärte:** -7 °C.

CEROXYLON VOGELIANUM

Heimat: Peru. **Winterhärte:** -5 °C.

CHAMAEDOREA

Namensherkunft: chamai (griechisch) bedeutet am Boden. **Geschlecht:** zweihäusig.

Eine Gattung von eher kleinen Palmen mit außerordentlicher Vielfalt, meist horstbildend, ähnlich wie Bambus. Sind als Zimmerpflanzen sehr beliebt, vor allem *Chamaedorea elegans*. Sie alle stammen aus Mexiko bis Guatemala. Die Pflanzen haben Fiederblätter. Die Gattung ist mit ca. 130 Arten eine der zahlreichsten. Sie wachsen meist in kühlen Bergwäldern und haben dadurch ein geringes Lichtbedürfnis. Von den nachfolgend beschriebenen Arten dürften zwei in Deutschland im Freien gedeihen.

CHAMAEDOREA ELEGANS

Bekanntes Hauspälmchen. **Winterhärte:** -2 °C.

CHAMAEDOREA ERNESTI AUGUSTII

Namensherkunft: E. August v. Sachsen. **Winterhärte:** -2 °C.

CHAMAEDOREA ERUMPENS

Heimat: Honduras, Guatemala. **Winterhärte:** -3 °C.

CHAMAEDOREA MICROSPADIX*

Namensherkunft: micro (lateinisch) bedeutet klein, spadix (lateinisch) bedeutet Fruchtstand. **Heimat:** Mexiko (Feuchtwälder). **Geschlecht:** zweihäusig. **Form:** Fiederpalme, horstbildend. **Höhe:** max. 3 m. **Früchte:** kugelförmig, orange bis rot, mit Kernen (wie Kirschen). **Erde:** verträgt Kalk, gut drainiert, wässerig. **Winterhärte:** -9 °C.

Eine horstbildende Palme, die relativ leicht blüht.

Sie ist für Versuche in Deutschland sehr zu empfehlen.

CHAMAEDOREA RADICALIS*

Namensherkunft: radix (lateinisch, bedeutet Wurzel). **Heimat:** Regenwälder von Mexiko bis 1.000 m über dem Meeresspiegel, Sierra madre. **Geschlecht:** zweihäusig. **Form:** Fiederpalme, einzelstämmig und teilweise horstbildend. **Höhe:** zwei Arten stammlos oder Einzelstämme bis 4 m. **Früchte:** 12 x 9 mm, ellipsenförmig, zuerst grün, dann orange, dann rot. **Erde**: verträgt ebenfalls Kalk. **Winterhärte:** -10 °C.

Diese Palme ist unter den gegebenen Voraussetzungen sehr für deutsche Verhältnisse geeignet, vor allem weil ihre Fiederblätter sehr schön sind und absolut tropisch wirken. Sie gleichen sehr einer jungen Howea. Ein absolutes „Muss“ für deutsche Züchter.

CHAMAEROPS*

Zwergpalme

Namensherkunft: chamai (griechisch) bedeutet am Boden.

Gattung mit nur einer Art, aber trotzdem mit oft völlig verschiedenem Aussehen der einzelnen Exemplare, hauptsächlich kulturbedingt. Es ist die einzige europäische Fächerpalme, die ursprünglich an felsigen Meeresküsten in Europa und Nordafrika in Gruppen kümmerlich wuchs. (Heute noch zum Beispiel in Mallorca zu sehen.) Durch Entfernen der vielen Austriebe wurde mit der Zeit eine recht hohe Einzelpalme gezüchtet, deren Fächer bei einigen Exemplaren dunkelgrün sind, bei anderen fast silbrig. Auch die Wuchsform hat viele Varietäten. Für Deutschland sehr zu empfehlen.

CHAMAEROPS HUMILIS*

Europäische Zwergpalme

Namensherkunft: humilis (lateinisch) bedeutet niedrig. **Heimat:** Europa, Nordafrika. **Geschlecht:** zweihäusig und zwittrig. **Form:** Fächerpalme in vielen Variationen (Busch, einzelstämmig) und Farben (silbrigblau, grün etc.). **Höhe:** Büsche bis 3 m, Einzelstamm bis 7 m. **Erde/Standort:** sehr anspruchslos, Wiesenerde, Sand, Lehm. **Winterhärte:** -11 °C.

Chamaerops humilis hat den Vorteil, dass die verschiedenen Varietäten den Eindruck erwecken, verschiedene Palmenarten zu sein, so dass man mehrere Formen nebeneinander pflanzen kann, wodurch sie sehr dekorativ wirkt. Auch für kleinere Gärten geeignet.

Die Kälteresistenz ist außergewöhnlich. Aus all diesen Gründen ist sie für die Aufzucht in Deutschland sehr zu empfehlen.

JUBAEA

Honigpalme

Namensherkunft: König Juba aus Nordafrika, Numidia.

Diese Gattung hat nur eine Art, die aber die kälteresistenteste Fiederpalme überhaupt ist.

JUBAEA SPECTABILIS (CHILENSIS)*

Namensherkunft: spectabilis (lateinisch) bedeutet spektakulär, chilensis (lateinisch) bedeutet aus Chile stammend. **Heimat:** Chile. **Geschlecht:** einhäusig. **Form:** Fiederpalme, einstämmig. **Höhe:** bis 25 m. **Früchte/Samen:** ca. 4 bis 5 cm große Samen, Nüsse, Keimung langwierig und schwierig, besser Sämlinge. **Erde:** durchlässiger Boden, düngen von Vorteil. **Winterhärte:** -15 °C.

Diese Palme ist – wie schon der Name sagt – in jeder Beziehung „spektakulär“. Ihr mächtiger Stamm hat wohl den größten Umfang unter ihren „Kollegen“ und die Krone besteht aus wunderschönen Wedeln, die der Kokospalme sehr ähnlich sind. Auch die Früchte sehen aus wie kleine Kokosnüsse. Ihre Höhe ist majestätisch. Leider wächst die Palme sehr langsam, so dass ihre Anpflanzung erst den kommenden Generationen im wahrsten Sinne des Wortes „Früchte“ bringen wird. Trotzdem würde ich dazu raten, weil sie auch als junge Pflanze sehr attraktiv aussieht, aber auch weil in Frankreich bei den dortigen Palmenfreunden eine Aktion stattfand, die zum Ziel hatte, das Aussterben der Palme (in Chile) zu verhindern. Es wurden mehrere hundert Pflänzchen von

Chamaerops humilis (Mitte) und *Livistonia chinensis* (rechts)

Phoenix dactylifera **in meinem Garten, im Vordergrund eine blühende** ***Lagerströmia indica***

der Normandie bis zur Riviera gesetzt.

Warum sollte man das nicht auch in Deutschland versuchen. Stellen Sie sich vor, wenn in einem Park in Köln oder am Eingang eines botanischen Gartens (zum Beispiel in Frankfurt) in 100 Jahren eine riesige Palme im Freien stünde. Unsere Enkel und Urenkel würden sich bestimmt daran erfreuen.

Vielleicht haben Sie schon die mächtigen Exemplare in Locarno gesehen, oder die größte Palme Europas auf der „Isola madre" am Lago Maggiore, ebenfalls eine *Jubaea*. Sie sind alle über 100 Jahre alt und erfreuen heute unzählige Touristen aus aller Welt. Gönnen Sie doch diese Freude auch Ihren Urenkeln.

LIVISTONIA

Namensherkunft: Baron v. Livingstone. Gattung mit rund 30 Arten, hauptsächlich in Australien, Malaysien, Südchina, Ozeanien, von denen einige Arten Frost vertragen.

LIVISTONIA AUSTRALIS

Namensherkunft: die „Südliche". **Winterhärte:** -8 °C.

Sehr attraktive, sonnenliebende Art. In Australien als Kulturpflanze fast überall präsent. Schnellwachsend.

LIVISTONIA CHINENSIS*

Namensherkunft: aus China, auch Japan. **Heimat:** Taiwan, Japan. **Geschlecht:** zwittrig. **Form:** Fächerpalme mit großen glänzendgrünen Blättern. **Höhe:** höchstens 4 m, Einzelstamm. **Früchte/Samen:** blaugrün, ca. 2 cm Kern, keimt in vier bis sechs Wochen. **Erde:** anspruchslos, gelegentliche Düngung. **Winterhärte:** -9 °C.

Diese Palme ist auch als Jungpflanze sehr schön, vor allem wegen ihrer breiten, glänzenden großen Fächerblätter. Leider wächst sie relativ langsam, aber durch ihre tropische Erscheinung ist sie sehr beliebt. Für größere Sammlungen unbedingt zu empfehlen. Ohne Winterschutz heikel.

NANNORRHOPS

Namensherkunft: nanos (griechisch) bedeutet Zwerg. **Kälteresistenz:** -20 °C.

Gattung mit einer einzigen Art. Wäre eine Traumpalme für

Deutschland wegen der großen Kältetoleranz. Ist aber schwer zu erhalten. Die Samen keimen unzuverlässig und langsam. Ich hatte jahrelang versucht, Samen zu bekommen. Schließlich hatte ich Erfolg und konnte 1 kg kaufen, von dem aber nur 5% keimten. Die Jungpflanzen wachsen so langsam, dass sie noch nach Jahren nicht größer wirken, als wilde Grashalme. Von all dem Samen ist nur eine einzige Pflanze entstanden, die sich gut entwickelt hat und heute, nach rund 12 Jahren bis zu 30 cm lange Blätter entwickelt hat. Deswegen würde ich empfehlen, Jungpflanzen zu kaufen bei Tobias Spanner.

*NANNORRHOPS RITCHIANA**

Namensherkunft: David Rietchi, Sammler. **Heimat:** Afghanistan, zum Teil Pakistan. **Geschlecht:** zwittrig. **Form:** Fächerpalme, teils horstig, teils Einzelstamm. **Höhe:** horstig, maximal 3 m; einzeln bis 5 m. **Früchte:** klein, traubenartig, keimen schlecht. **Erde/Pflege:** absolut anspruchslos, eventuell Sand. **Winterhärte:** -20 °C.

Zusammen mit der später beschriebenen *Rhapidophyllum* ist *Nannorhops* die kälteresistenteste aller Palmen. Die horstigen Arten entwickeln meist einen unterirdischen Stamm, aus dem die Äste quasi eigene Pflanzen bilden. Nach einmaliger Blüte sterben diese „Ableger". Eine hochinteressante Palme für eifrige Züchter, vor allem deswegen, weil in ihrer Heimat im Winter oft tiefer Schnee liegt, also könnte sie auch in Deutschland aus dem Schnee herausragen, was immerhin ein merkwürdiger Anblick ist.

PARAJUBAEA

Namensherkunft: para (griechisch) bedeutet neben, Jubaea.: König Juba aus Nordafrika, Numidia.

Gattung mit nur zwei Arten aus Südamerika, die ähnliche Blätter wie *Jubaea* haben, aber sonst sehr verschieden sind, vor allem durch den langen schlanken Stamm. Leider sind sie nicht sehr frosttolerant, weswegen sie für Deutschland kaum geeignet sein dürften. In meinem Garten stehen beide Arten, wobei *Parajubaea torally* nicht nur die viel schneller wachsende, sondern auch die kältetolerantere ist. Beide Pflanzen wachsen in den Anden in großer Höhe (2.500 bis 3.000 m).

PARAJUBAEA COCOIDES

Namensherkunft: cocoides (lateinisch) bedeutet kokosartig. **Winterhärte:** -5 °C.

Auch diese Palme ist eher für kommende Generationen, da sie zwar riesig wird, aber sehr langsam wächst.

In der Hauptstadt Ecuadors, Quito, steht eine einzigartige Allee dieser Palmen, die zeigt, wie prachtvoll diese Pflanzen in vielen Jahren werden können.

Livistonia chinensis

***Phoenix reclinata* in Monaco**

PARAJUBAEA TORALLYI

Namensherkunft: bolivischer Arzt aus dem 19. Jahrhundert. **Heimat:** Bolivien. **Geschlecht:** einhäusig. **Form:** Fiederpalme, einstämmig. **Höhe:** bis zu 15 m. **Früchte:** eiförmig, 4 bis 5 cm lang, Keimung unregelmäßig und sehr langsam. **Erde:** normale Gartenerde. **Winterhärte:** -7 °C.

Mit dieser Palme habe ich sehr gute Erfahrungen gemacht. Sie wächst rascher und hat bei mir mittlerweile geteilte Fiederblätter, während ihre Schwester, die bereits doppelt so lange in der Erde ist, einzelne Blätter hat und recht kümmerlich aussieht. Fachleute behaupten das Gegenteil.

Auf jeden Fall sind beide Arten außerordentlich schön und ähneln sehr der Kokospalme, weshalb ich sie Lesern, die vielleicht ein zweites Heim im Süden haben, dafür unbedingt empfehlen möchte.

Phoenix dactylifera

PHOENIX

Namensherkunft: phoenix (griechisch) bedeutet (Dattel)palme.

Sie ist wohl die begehrteste aller frostresistenten Palmen und gewiß auch eine der schönsten, aber leider ein „Grenzfall" für Liebhaber, die sie in Deutschland im Freien pflanzen wollen. Die untersten Werte bewegen sich um -9 °C. Also würde ich dringend anraten, einen Winterschutz für Eventualitäten bereitzuhalten. Es ist durchaus möglich, eine *Phoenix* mehrere Jahre durchzubringen (z. B. bei Bekannten in Laufenburg, Baden). Aber das mag wohl an der Klimaerwärmung liegen, die uns in den letzten Jahren besonders milde Winter beschert hat.

Wie dem auch sei, der Besitzer hat mir mitgeteilt, dass er für den „Fall eines Falles" die notwendigen Vorbereitungen getroffen hat. Außerdem „Wer nichts wagt, gewinnt nichts" und dieses Sprichwort möchte ich all denjenigen besonders ans Herz legen, die „wagen".

***Sabal* mit costa-palmaten Blättern**

PHOENIX CANARIENSIS*

Namensherkunft: von den Kanarischen Inseln. **Heimat:** Kanarische Inseln. **Geschlecht:** zweihäusig. **Form:** Fiederpalme, einstämmig. **Höhe:** bis zu 20 m. **Früchte:** in großen Büscheln, eiförmig, bis 3 cm, orange. **Erde/Pflege:** durchlässiger Boden, ansonsten anspruchslos. **Winterhärte:** -9 °C.

Dies ist wohl die am meisten gezüchtete Palme in Deutschland, vor allem in den nordischen Regionen (Hamburg). Allerdings meist als Zimmerpalme oder als Kübelpflanze. Mit Winterschutz dürfte es aber durchaus möglich sein, dass sie auch im Freien gedeiht. Das wäre vor allem deswegen wichtig, weil sie rasch wächst und nach wenigen Jahren für die Zimmerpflege zu groß wird.

PHOENIX DACTYLIFERA

Namensherkunft: dactylos (griechisch) bedeutet Finger. **Heimat:** Nordafrika. **Geschlecht:** zweihäusig. **Form:** Fiederpalme, Wedel nicht so dicht, wie bei *Phoenix canariensis*. **Höhe:** bis 30 m, einstämmig, auch mehrstämmig durch Austriebe. **Früchte:** die berühmten Datteln, 5 cm groß und mehr. **Erde/Pflege:** mit Sand vermischt, wasserdurchlässig, Tiefwurzler. **Winterhärte:** -9 °C.

In meinem Garten ist die Dattelpalme das größte Exemplar und dominiert alle anderen Palmen. Meine ist männlich, und da ein weibliches Exemplar vor zwei Jahren eingegangen ist (auch das kommt

manchmal vor), gibt es keine Früchte. Das ist allerdings nicht so schlimm, weil sie im Tessin kaum richtig reifen würden. Allerdings stehen mehrere Dattelpalmen in ihrer Nähe und vielleicht hat es auch „Jungfrauen“ dabei, was jetzt noch nicht ersichtlich ist.
Leider ist sie für Deutschland nur bedingt geeignet, weil sie aus der Wüste stammt und deshalb große Hitze im Sommer braucht, aber auch Trockenheit im Winter. Aus diesen Gründen ist es wichtig, einen Schutz gegen Nässe anzubringen. Die Frosttoleranz ist nicht ganz so groß wie bei *Phoenix canariensis*, weshalb es empfehlenswert ist, ihr in den kalten Monaten zusätzlich Wärme zuzuführen, aber vor allem einen sonnigen Standort für das ganze Jahr.

PHOENIX RECLINATA

Namensherkunft: reclinatus (lateinisch) bedeutet zurückgebogen. **Heimat:** Zentralafrika. **Winterhärte:** -5 °C.
Eine außerordentlich schöne Phoenixpalme, die mit der Zeit große Horste bildet. Da sie relativ heikel auf Witterungseinflüsse reagiert, ist sie in Deutschland nur für Zimmerkultur oder als Kübelpflanze zu empfehlen. Man kalkuliere aber die spätere Horstbildung. Sehenswert ist eine Gruppe dieser Palmen in Monte Carlo, vor allem für Leser, die beabsichtigen, sie im südlichen Europa zu züchten. Wächst rasch.

PHOENIX ROEBELENII

Namensherkunft: Carl Roebelen, Sammler. **Heimat:** Laos. **Winterhärte:** -3 °C.

Palmenidyll an der blauen Laguna; *Washingtonia robusta* (links), *Sabal* Riverside (rechts)

Eine ausgesprochen zierliche Palme, die am besten im Zimmer gedeiht. Sie stammt aus Laos, wo sie an Flussufern wächst. Sie hat feingliedrige überhängende Wedel und ist sehr dekorativ, aber auch heikel. Die Früchte sind sehr klein und dünn.

PHOENIX RUPICOLA

Namensherkunft: rupes (lateinisch) bedeutet Klippe. **Heimat:** Indien, Himalaja. **Form:** Fiederpalme. **Winterhärte:** -3 °C.
Eine der schönsten *Phoenix*-Arten mit sehr weichen und regelmäßigen Blattfiedern. Für Deutschland nur als Zimmerpflanze geeignet.

PHOENIX SYLVESTRIS

Namensherkunft: sylvestris (lateinisch) bedeutet zum Wald gehörig. **Heimat:** Indien. **Winterhärte:** -8 °C.
Diese Phoenix ähnelt sehr der kanarischen Dattelpalme und ist auch fast so robust. In meinem Garten ist ein Exemplar, welches einen ungewöhnlich harten Winter überlebte, obwohl einige andere *Phoenix*-Arten eingingen. Trotzdem würde ich anraten, lieber die kanarische Phoenixpalme zu versuchen, weil sie leichter zu bekommen und außerdem schöner ist.

PHOENIX THEOPHRASTI*

Namensherkunft: Theophrast, griechischer Philosoph. **Heimat:** Kreta, Türkei, Mittelmeerküste. **Geschlecht:** zweihäusig. **Form:** Fiederpalme (sehr stachelig), horstbildend. **Höhe:** 3 bis 4 m. **Früchte:** sehr klein. **Erde:** trockener, magerer Boden, auch gewöhnliche Gartenerde. **Winterhärte:** -9 °C.
Sie wurde erst vor einigen Jahren als eigenständige Art „entdeckt“, nachdem sie früher der Dattelpalme zugeordnet wurde, von der sie sich aber durch die sehr stacheligen Blätter sowie einige andere Merkmale einwandfrei unterscheidet.

Nun ist sie neben *Chamaerops humilis* die einzige europäische Palme, trägt aber im Gegensatz zu ihr Fiederblätter.
Ich habe ein Exemplar, welches in meinem Garten sehr gut gedeiht. Von Versuchen in Deutschland ist mir nichts bekannt. Sie müssten aber erfolgreich sein, wenn sie im Winter vor allem einen Feuchtigkeitsschutz erhält.

RHAPIDOPHYLLUM

Nadelpalme

Namensherkunft: rhapis (griechisch) bedeutet Nadel + phyllon (griechisch) bedeutet Blatt.
Palmengattung mit nur einer einzigen Art, aus dem Süden der USA. Sie wächst in Wäldern auf humusreichen Böden.

RHAPIDOPHYLLUM HYSTRIX*

Namensherkunft: hystrix (griechisch) bedeutet Stachelschwein. **Heimat:** Südkarolina bis Florida. **Geschlecht:** einhäusig oder zwittrig. **Form:** buschig, horstbildend, Fächerpalme. **Höhe:** einzelne Stämme höchstens 3 m, aber inmitten eines undurchdringlichen Klumpens. **Früchte/Samen:** eiförmig, ca. 3 cm lang, mit Kern, der aber nur sporadisch keimt, was sechs Monate bis zwei Jahre dauern kann, weshalb ich dringend rate, Sämlinge zu kaufen. **Erde:** humusreich, verträgt Kalk. **Winterhärte:** -20 °C.
Zusammen mit *Nannorhops ritchiana* die kälteresistenteste Palme überhaupt, aber im Gegensatz zu ihr etwas leichter zu züchten. Sie ist wohl die beste Palme für Deutschland überhaupt, was die Kälteresistenz betrifft, aber im Sommer braucht sie relativ viel Hitze. Also am besten in den ersten Jahren unter einem Glasdach pflegen. Leider wächst sie nur langsam, aber dafür ist sie anspruchslos. Ihr Widerstand gegen Kälte lässt sich dadurch erklären, dass sie wohl eine der ältesten Pflanzen in Florida überhaupt ist und durch die jährlich oft wiederkehrenden „Northern“ = nördlichen Stürme, die von Alaska herunterbrausen und sehr kalt sein können, diese Resistenz gegen Kälte entwickelt hat. Außerdem wirkt sie mit ihren glänzend grünen Fächerblättern sehr dekorativ.

Sabal bermudana* (groß) und *Brahea elegans

RHAPIS

Steckenpalme

Namensherkunft: rhapis (griechisch) bedeutet Nadel, Stecken.

Kleine Gattung mit ungefähr zehn Arten, die allesamt recht hübsch wirken und vor allem für Patios und dergleichen geeignet sind. Im folgenden wird nur die robustere Art beschrieben, da sie in Deutschland eventuell im Freiland gedeihen könnte.

RHAPIS EXCELSA

Namensherkunft: excelsa (lateinisch) bedeutet herausragend. **Heimat:** Südchina. **Geschlecht:** zweihäusig. **Form:** Fächerpalme, horstbildend.

Höhe: einzelne Stämme bis 1,50 m innerhalb des Gesamtbusches. **Früchte:** ca. 1 cm lang, dünn. **Erde/Pflege:** halbschattig, gut drainiert aber nährstoffarm. **Winterhärte:** -7 °C.

Sehr robust, vor allem als Topfpflanze. In ganz milden Gebieten mit Winterschutz auch im Freiland möglich.

SABAL

Namensherkunft: einheimischer Name. Eine erstaunliche Palmengattung, vor allem weil sie viele unterschiedliche Arten zählt: von kleinen stammlosen Pflanzen bis zu mächtigen großen Palmen. Auch die Herkunft ist sehr verschieden: von den karibischen Inseln bis Panama, Mexiko und südliche USA.

Einige Arten sind erstaunlich winterhart und für Deutschland sehr geeignet. Als Jungpflanzen wirken sie zum Teil etwas deplaziert, aber nach einigen Jahren ist ihr Aussehen durchaus bemerkenswert. Einige Arten besitzen die größten Fächer unter den Palmen, die in den gemäßigten Zonen gedeihen können. In meinem Garten steht ein Exemplar von *Sabal Riverside*, unbekannter Herkunft, aber das Blatt hat einen Durchmesser von fast 2 m, obwohl kaum ein Stamm vorhanden ist.

Eine weitere bemerkenswerte Eigenschaft ist, dass diese Palmen entweder von Beginn sehr gut wachsen oder aber kümmerlich gedeihen und auch so bleiben. Es gibt noch viele Unterschiede und Gegensätze, was aber ihre Züchtung besonders interessant macht.

Sabal minor **umgeben von wilden Begonien.**

SABAL BERMUDANA

Namensherkunft: von den Bermudas. **Winterhärte:**-5 °C.

Die Geschichte dazu ist ähnlich, nur dass mir Bekannte einen Samen von den Bermudas mitbrachten, der sich bis heute zu einer beachtlichen Pflanze entwickelt hat. Das Blatt ist grüner als von *Sabal Riverside*.

SABAL ETONIA

Namensherkunft: etonia (Florida) bedeutet Buschland.

Diese Pflanze ist genau das Gegenteil der vorigen. Obwohl es heißt, sie soll riesig werden, ist sie bei mir noch recht kümmerlich. Aber nachdem sie unterirdische Stämme haben soll, erwarte ich ein plötzliches Auftreten von Ausläufern, mal sehen.

*SABAL MEXICANA/** *TEXANA*

Namensherkunft: texana bedeutet aus dem Grenzgebiet USA/Mexiko. **Heimat:** Texas und Nordmexiko. **Geschlecht:** zwittrig. **Form:** Fächerpalme, später costa-palmate. **Höhe:** bis zu 15 m, breiter Stamm. **Früchte:** 2 cm lang, schokoladenbraun. **Erde:** trocken. **Winterhärte:** -10 °C.

Sie benötigt einen vollsonnigen Standort und vor allem viel Sommerwärme. Im Winter braucht sie anfänglich unbedingt Schutz gegen Nässe und Feuchtigkeit.

Die Tatsache, dass die Palme sehr groß werden kann, macht sie natürlich für Deutschland besonders interessant. Aber sie wächst recht langsam. Ich habe etliche Exemplare in meinem Garten, die ich aus Samen zog. Sie haben bis heute, nach 25 Jahren noch keinen richtigen Stamm und sind erst ca. 1,50 m hoch. *Sabal mexicana* ist eine Palme für echte Sammler, die möglichst viele Arten haben möchten.

*SABAL MINOR**

Namensherkunft: minor (lateinisch) bedeutet kleiner. **Heimat:** südliches Nordamerika (Georgia). **Geschlecht:** zwittrig. **Form:** Fächer-

Palmen in Bonn (Deutschland), *Trachycarpus fortunei*

palme, steife Segmente. **Höhe:** in seltenen Fällen ein Stamm bis 1,50 m. **Früchte:** blüht (duftig) und fruchtet bereits im jungen Alter, 1 cm, schwarz, mit einem ca. 7 mm großen Kern. **Winterhärte:** -18 °C.

SABAL PALMETTO*

Namensherkunft: palma (lateinisch) bedeutet Palme. **Heimat:** USA bis Nordkarolina, Bahamas, Kuba. **Geschlecht:** zwittrig. **Form:** Fächerpalme, costa-palmate. **Höhe:** kann bis zu 25 m hoch werden, meist 10 bis 15 m. **Früchte:** 1 cm, schwarz, mit Kern. **Erde:** wächst auf allen möglichen Erdarten von Tropen bis zur gemäßigten Zone. **Winterhärte:** -13 °C.

Sabal palmetto ist zweifelsohne die schönste und größte aller *Sabal-Palmen*. Wenn ihre Wurzeln das Grundwasser erreichen, wächst sie außerdem relativ rasch, also Eigenschaften, welche eine Züchtung lohnen. Sie ist auch im jugendlichen Alter recht elegant, so dass sie schon in kurzer Zeit einen dominanten Platz in einer Sammlung einnehmen kann. Für Deutschland gut geeignet.

SERENOA

Namensherkunft: Sereno Watson, amerikanischer Botschafter (1826–92). Diese Gattung hat nur eine Art.

SERENOA REPENS

Namensherkunft: repens (lateinisch) bedeutet kriechend. **Heimat:** Südosten der USA. **Geschlecht:** zwittrig. **Form:** Fächerpalme, leicht costa-palmate. **Höhe:** meist unterirdisch, manchmal bis 3 m hoch, breitet sich mit der Zeit sehr aus und kann als Buschpalme große Flächen besiedeln. **Blattfarbe:** grün, blaugrün und silbrig. **Früchte:** rund bis birnenförmig, lehmig, schwarz oder bläulich, **Samen:** rund, braun, 15 mm Durchmesser. **Winterhärte:** -7 °C.

Samen keimen innerhalb von drei bis fünf Monaten. Eine anspruchslose kleine Palme, die in USA in riesigen Beständen fast wie Unkraut wuchert, aber bei uns, wenn man sie drosselt, ausgesprochen hübsch wirkt. Vor allem in der Blüte sehr zu empfehlen.

SYAGRUS

Eine Gattung mit über 30 Arten, die hauptsächlich in Südamerika wächst, meist in tropischen Gebieten. Für uns ist hier nur eine Art interessant, die bis vor kurzem als *Arecastrum romanzoffianum* bezeichnet wurde und so oder unter dem Namen *Cocos plumosa* bekannt war und ist. Inzwischen wurde sie der Gattung *Syagrus* zugeteilt und heißt jetzt *Syagrus romanzoffiana*.

SYAGRUS ROMANZOFFIANA

Namensherkunft: Fürst Romanzoff, russischer Adliger (1754–1826). **Heimat:** Südbrasilien, Argentinien, Uruguay, Paraguay. **Geschlecht:** einhäusig. **Form:** Fiederpalme, einzelstämmig. **Höhe:** bis 15 m. **Früchte:** 2 bis 3 cm lang, gelbfleischig, Kern keimt rasch, innerhalb von zwei Monaten. **Erde:** toleriert fast jede Erde, liebt Walderde. **Winterhärte:** -5 °C.

Diese Palme wirkt erwachsen absolut majestätisch. Man sieht sie oft an der Riviera, teils in riesigen Exemplaren. Sie wächst relativ rasch, ist aber kälteempfindlich und für Deutschland leider kaum geeignet. In meinem Garten steht ein Exemplar, welches zuerst schlecht, aber jetzt erstaunlich gut gedeiht. Also nur für Leute, die im Süden eine zweite Bleibe haben.

TRACHYCARPUS
Hanfpalme

Namensherkunft: trachys (griechisch) bedeutet rauh + karpos (griechisch)=Frucht. Bekannt in Deutschland unter dem Namen Hanfpalme.

Diese Gattung mit etwa neun Arten ist ein Segen für deutsche Palmenliebhaber und fast alle für eine Zucht auf deutschem Boden geeignet. Vor allem, weil sie kaum spezielle Anforderungen stellt. Im Gegenteil, sie gedeiht fast in jedem Boden, ist feucht tolerant, verträgt Schnee und vieles mehr. Das Schönste aber ist, dass die meisten Arten erstaunlich groß werden (10 m und mehr) und trotzdem einen absolut tropischen Eindruck erwecken. Es sind dies die Palmen, von denen ich berichtet habe, dass sie auch in England und Schweden gezüchtet werden. In Belgien gibt es einen ganzen Palmenwald. Aber auch im Süden vom Tessin bis zur Riviera sind diese Palmen ein vertrauter Anblick. Oft werden sie fälschlicherweise als Tessiner Palmen bezeichnet.

TRACHYCARPUS FORTUNEI*

Namensherkunft: R. Fortune, britischer Sammler 1812–1880. **Heimat:** China, Himalaja. **Geschlecht:** einhäusig. **Form:** Fächerpalme. **Blätter:** glänzend grün, unten zum Teil silbergrau, schöne regelmäßige Fächer. **Höhe:** bis 10 m, Stamm mit rauhen Fasern bedeckt. **Früchte:** aus den sehr schönen gelben Blüten entwickeln sich blaue Früchte wie Weintrauben in Büscheln. Sie sind nierenförmig und 1 bis 2 cm lang und keimen relativ rasch. Im Tessin werden sie von Vögeln verbreitet und machen viele wilde Keimlinge. **Erde:** keinerlei Ansprüche, verträgt auch Kalk. **Winterhärte:** -15 °C.

Diese Palme stammt aus den Gebirgsregionen und wurde schon im 19. Jahrhundert in China und Japan kultiviert. *Trachycarpus fortunei* ist das Nonplusultra sämtlicher Palmen für eine Züchtung in nördlichen Gebieten.

Die Palme ist für Deutschland sehr geeignet, viele zum Teil große Exemplare habe ich im Freien gesehen und zwar nicht nur in Bonn, Frankfurt, Köln, also im Rhein-Main-Gebiet, sondern auch in München, außerdem in Zürich und in Belgien sogar einen ganzen Wald. Der Anblick wirkte so tropisch, dass man sich in Afrika oder Südamerika zu befinden glaubte. Kein Wunder, denn vor allem in Gruppen sieht sie manchen tropischen Palmen sehr ähnlich, wie zum Beispiel der *Cocothrinax crinita* (Kuba) oder einer jungen *Borassus flabellifer* (Indien), wie auch gewissen *Livistonia*-Arten. Wenn auch ein sonniger Standort wünschenswert ist, so gedeiht die Art auch an weniger favorisierten Standplätzen. Versuchen Sie es. Sie werden es nicht bereuen.

***Trachycarpus fortunei* (in Brissago)**

Oben: *Trachycarpus* in Blüte. Unten: *Trachycarpus takil*

TRACHYCARPUS MARTIANUS

Namensherkunft: Karl Fried. Philipp von Martius, deutscher Botschafter (1794–1868), Martius-Hanfpalme (Himalaja). **Heimat:** Burma, Nepal, Himalaja. **Geschlecht:** einhäusig. **Form:** Fächerpalme mit großen, über 1 m breiten Fächern, dunkelgrün, unten bläulich. **Höhe:** bis 13 m und mehr. **Früchte:** blau, Blüten weiß. **Erde:** leider sauren Boden, durchlässig. **Winterhärte:** -8 °C.

Sie wirkt noch eleganter als *Trachycarpus fortunei* durch ihren größtenteils schlanken Stamm, ist aber leider viel heikler. Außerdem liebt sie keinen Kalkboden, was sie ebenfalls für Deutschland nicht sehr geeignet macht. Für diejenigen, welche es trotzdem versuchen wollen, sind die genannten Angaben betreff der Winterhärte wichtig.

TRACHYCARPUS NANUS*

Namensherkunft: nanus (lateinisch) bedeutet Zwerg. **Heimat:** südwestliches China. **Geschlecht:** einhäusig. **Form:** Fächerpalme, einzelstämmig (meist unterirdisch). **Höhe:** Bodenhöhe, manchmal bis zu einem halben Meter. **Früchte:** dunkel, klein. **Erde:** vorzugsweise saurer Lehmboden, Gras. **Winterhärte:** -12 °C.

Diese Palme ist zwar winterhart, aber klein und nur für Liebhaber geeignet, die möglichst viele Arten in der Sammlung haben möchten.

TRACHYCARPUS TAKIL*

Namensherkunft: Mount Takil, Himalaja. **Heimat:** westliches Indien, Himalaja bis 2000 m Höhe. **Geschlecht:** einhäusig. **Form:** Fächerpalme, einzelstämmig mit Ausbuchtung am unteren Stammende im jugendlichen Alter. **Höhe:** bis 12 m. **Früchte:** nierenförmig, ähnlich wie *Trachycarpus fortunei*. **Erde/Pflege:** Einheitserde, nicht anspruchsvoll. **Winterhärte:** -17 °C.

Sie wurde verhältnismäßig früh in Kultur genommen. Odoardo Beccari, ein berühmter italienischer Botaniker, hatte ein Exemplar in Florenz gepflanzt (1887), welches bis ins 20. Jahrhundert gedieh und über 4 m hoch wurde. Eine ideale Palme für deutsche Verhältnisse, vor allem weil die Blätter sehr attraktiv wirken und bei großen Pflanzen einen Durchmesser von über 1 m haben können.

Da sie vom Aussterben bedroht ist, wäre es wünschenswert, wenn die Palmenfans in Deutschland die Züchtung dieser schönen und robusten Palme unterstützen würden. Um ganz sicher zu gehen, würde ich hier von einer Vermehrung durch Samen abraten (die Gefahr einer Verwechslung mit *Trachycarpus fortunei* ist zu groß), hingegen Jungpflanzen bei T. Spanner in München beziehen, der diese seltene Palme an ihrem natürlichen Standort wieder entdeckt hat.

TRACHYCARPUS WAGNERIANUS*

Namensherkunft: Janos Wagner, ungarischer Botaniker (1870–1950). **Heimat:** ungewiss, Kulturpflanze aus China und Japan. **Geschlecht:** einhäusig. **Form:** Fächerpalme mit nach vorne leicht zugespitzten Fächern, steif, einzelstämmig. **Höhe:** bis 6 m (wächst langsam). **Früchte:** ähnlich wie bei *Trachycarpus fortunei*, Vorsicht bei Befruchtung, nicht zu nahe an anderen *Trachycarpus*-Arten pflanzen. **Erde:** keine besonderen Ansprüche, kann auch auf Kalkboden gedeihen. **Winterhärte:** -15 °C.

Eine ausgesprochen attraktive Art, von der man nicht weiß, woher sie stammt. Sie ist seit über hundert Jahren in Kultur, vor allem in China und Japan.

Sie dürfte von *Trachycarpus fortunei* abstammen, ist aber kleiner und hat ebenfalls deutlich kleinere, aber viel steifere Blätter bereits als Jungpflanze.

Eine ausgesprochen schöne Palme, die ein Schmuckstück für jeden Palmengarten und wegen ihrer Winterhärte, die gleich ist wie die von *Trachycarpus fortunei*, sehr zu empfehlen ist.

Zum Abschluss der *Trachycarpus*-Arten möchte ich nochmals allen Lesern empfehlen, sie in Kultur zu versuchen. Sie werden sehen, es lohnt sich!

TRITHRINAX

Namensherkunft: tria (griechisch) bedeutet drei, thrinax (griechisch) bedeutet Zacken, also Dreizackiges Blatt.

Gattung mit wenigen Arten, die weit voneinander entfernt in Brasilien, Paraguay, Uruguay und Argentinien vorkommen. Sie haben erstaunliche Ähnlichkeit mit den *Trachycarpus*-Palmen, allerdings ist der Stamm wesentlich stachliger. Für Deutschland kaum zu empfehlen. Die einzige, folgend beschriebene Art könnte mit entsprechendem Winterschutz Chancen haben.

TRITHRINAX ACANTHOCOMA

Namensherkunft: akanthe (griechisch) bedeutet Dorn, coma (lateinisch) bedeutet Haarbezug, also auf Deutsch stachliger Stamm. **Heimat:** Südbrasilien. **Geschlecht:** zwittrig. **Form:** Fächerpalme, einstämmig, sehr dorniger Stamm. **Höhe:** bis 4 m. **Früchte:** rund, bis 2 cm Durchmesser, gelb. **Erde:** Gartenerde. **Winterhärte:** -7 °C.

WASHINGTONIA

Namensherkunft: Georg Washington, erster Präsident der Vereinigten Staaten.

Gattung mit zwei Arten, die ausgesprochen tropisch wirken und den berühmten *Pritchardia*-Arten aus der Südsee nicht unähnlich sind. Ein großer Vorteil ist ihre Schnellwüchsigkeit. Und ich habe sogar in einem Innenhof in Bonn ein recht großes Exemplar gesehen (allerdings mit Winterschutz).

WASHINGTONIA FILIFERA

Namenherkunft: filum (lateinisch) bedeutet Faden, ferre (lateinisch) bedeutet tragen, also die Fadentra-

gende. **Heimat:** USA, südliches Kalifornien, westliches Arizona und nördliches Mexiko. **Geschlecht:** zwittrig. **Form:** Fächerpalme mit ausgesprochen schönen Blättern, die viele weiße Fäden zwischen den Segmenten tragen (daher der Name). Später leicht costa-palmate. **Blätter:** bis 2 m Durchmesser. **Höhe:** bis 15 m hoch, relativ rasch wachsend. **Früchte/Samen:** eiförmig, ca. 1 cm lang, Samen ähnlich, kleiner. **Erde:** da eine ausgesprochene Wüstenpalme, ist sandige, durchlässige Erde erwünscht (Tiefwurzler). **Winterhärte:** -7 °C.
Sie ist die härtere der beiden Arten und für routinierte Palmenzüchter als Versuch zu empfehlen, weil sie auch als Jungpflanze sehr attraktiv aussieht und schnell wächst.

WASHINGTONIA ROBUSTA

Namensherkunft: robustus (lateinisch) bedeutet kräftig. **Höhe:** bis 25 m.
Diese riesige Palme ist oft an der Riviera zu sehen. Auch ich habe in meinem Garten ein außerordentlich schönes Exemplar, das erstaunlich rasch wächst. Für Deutschland leider nur als Kübelpflanze geeignet, aber wegen der zu erwartenden Größe bald schwer zu transportieren. Schade, aber man kann nicht alles haben.

Das sind rund dreißig Arten von verschiedensten Palmen, die in Deutschland erfolgversprechend gezüchtet werden können! Man stelle sich vor: Jemand hat ein Haus oder ein Appartement mit einem Innenhof oder Garten in einer Großstadt wie Köln, Frankfurt am Main – Südseite – möglichst offen, ein idealer Platz, um eine Traumecke zu kreieren, die in wenigen Jahren den Eindruck erwecken würde, man befände sich irgendwo an der französischen Riviera.
Ein deutscher Palmenfan hat an der Mercatorstraße 34 in Frankfurt am Main 1995 tatsächlich so ein Wunderwerk geschaffen, von dem nicht nur er, sondern die ganze Nachbarschaft profitierte. Und dies ist nur eines von vielen Beispielen, welches beweist, dass eine solche Kreation keineswegs eine Illusion ist.
Besonders in größeren Städten, in denen die Temperatur bei bevorzugten Lagen in klaren Winternächten oft um 4 bis 6 °C wärmer ist als in der Umgebung – bedingt auch durch die gespeicherte Wärme der Häuserwände und andere schützende Faktoren –, besteht die absolute Chance, einen Großteil der beschriebenen Palmen während vieler Jahre zu kultivieren. Jedoch gibt es natürlich an anderen Orten mit weniger günstigen Klimafaktoren gute Erfolgsaussichten, wenn auch die Auswahl etwas reduziert werden sollte.
Wesentlich ist, dass man sich unbedingt an die vorher beschriebenen „Regeln für eine erfolgreiche Freilandzüchtung in Deutschland" hält und die Region berücksichtigt, wo man pflanzen möchte.

Andere Südpflanzen

Aber das ist noch nicht alles! Um Ihnen die Möglichkeit zu geben, einen wahrhaft südlichen Garten „à la perfection" zu schaffen, möchte ich Ihnen im Folgenden noch ein paar südliche Pflanzen nennen, die ebenfalls eventuell in Deutschland gedeihen könnten und eine ideale Ergänzung zu den Palmen sind. Wegen Platzmangel muss ich Sie bitten, detaillierte Angaben in der Fachliteratur nachzusehen.

AGAVEN

Winterhärte: bis -7 °C.
Diese stachligen „Freunde" stammen fast durchwegs aus Mexiko und werden in Deutschland meist in Töpfen gezogen, obwohl sie in milden Gebieten auch im Freiland gedeihen können. Sie müssen aber, besonders im Winter, einen trockenen, sonnigen Standort haben. Vermehrt werden sie fast durchweg durch Schösslinge vor allem weil sie nur einmal blühen, was aber bei uns bis zu 50 Jahre und mehr dauern kann. Dann allerdings gibt es einen Blütenstand von 3 bis 7 m, der unerhört eindrucksvoll ist. Nach der Blüte stirbt die Pflanze endgültig ab.

ALOEN

Winterhärte: bis -9 °C.
Es gibt unzählige Aloen-Arten, die fast durchweg aus Südafrika stammen, meist strauchartige Pflanzen

So sah Esperanza vor rund 20 Jahren aus – alles wächst und gedeiht.

sind, aber auch stattliche mehrere Meter hohe Bäume werden können.

Was sie besonders interessant macht, sind ihre wunderschönen exotischen Blüten, die gelb oder rot wie Kerzen an den Ästen stehen. Die härteste Art ist wohl *Aloe polyphylla* aus dem Königreich Lesoto (Südafrika), die über -12° C vertragen soll. Sehr hart ist auch *Aloe striatula*, die bei mir im Garten schon manchen kalten Winter überstanden hat.

Ansonsten sind Aloen leider nicht für Deutschland geeignet, da sie meist nur wenige Grade unter Null vertragen.

BAUMFARNE

Winterhärte: bis -6 °C.

An und für sich herrliche Pflanzen, die bis mehrere Meter hoch werden können und eine mächtige Krone tragen, die einigen unserer Farne sehr ähnlich sind, nur eben gewaltiger, mit Wedeln von bis zu 3 m und mehr. Allerdings kann ich diese herrlichen, ja majestätischen Baumfarne einer Zucht in Deutschland nur denjenigen empfehlen, die auch bereit sind, für alle Fälle sämtliche Winterschutzvorbereitungen zu treffen. In diesem Fall würde ich *Dicksonia antarctica* aus Tasmanien (Australien) und *Dicksonia squarrosa* aus Neuseeland vorschlagen, welche zu den winterhärtesten Baumfarnen gehören.

BANANEN

Musa basjoo

Winterhärte: -8 °C (Stamm und Wurzel); bis -1 °C (Blätter).

Jeder wundert sich, wenn er meinen Garten besucht, über die riesigen Bananenstauden, die an meinem Felsenschwimmbad stehen und ihre grandiosen Blätter im Winde wiegen lassen. Bananen im Tessin? Ja und nein. Es sind effektiv Bananen, und obwohl die Früchte nur sehr klein sind, wirken die Pflanzen absolut tropisch. Sie stammen von den japanischen Riukiu-Inseln, wel-

Cordyline australis

che manchmal von starken Nordwinden heimgesucht werden, deshalb ihre Robustheit. Man kann sie mit viel Liebe auch in Deutschland züchten, wenn man den Boden möglichst frostfrei abdeckt. Sie frieren im Winter zurück, aber das fleischige Rhizom treibt im Frühjahr wieder aus.

CORDYLINE AUSTRALIS

Winterhärte: bis -8 °C.

Kaum jemand würde denken, dass diese wunderschönen drazänenähnlichen Bäume zu den Liliengewächsen gehören. Sie wirken auf den Laien eher wie verzweigte Palmen, auf jeden Fall aber sehr tropisch.

In Dublin, Irland, gibt es unzählige zum Teil recht hohe Exemplare, die durch ihre wie Riesenkerzen aufrecht stehenden Blüten besonders dekorativ wirken. Man nennt sie dort übrigens „cabbage-Palm". Was in Irland möglich ist, sollte auch in Deutschland gelingen, vor allem in

Yucca rostrata

den milderen Gebieten. Also warum nicht versuchen?

Übrigens, die *Cordyline australis* kann wie die Bananenpflanze *Musa basjoo* bei strengen Wintern zurückfrieren, aber im Frühjahr wieder austreiben. Auf keinen Fall den Mut verlieren.

CYCAS REVOLUTA

(Japan bis Java)

Winterhärte: -8 °C.

Eine palmenähnliche Pflanze, aber mit viel schmäleren Fiedern, die in Deutschland oft für würdige Ereignisse verwendet wird. Dieser *Cycas* wird meist in Töpfen gezogen, kann sich aber auch gut mit entsprechender Pflege im Freien entwickeln und mit der Zeit zu einem beachtlichen, manchmal sogar mehrstämmigen Baum werden.

DASYLIRION ACROTICHUM

Heimat: Mexiko. **Winterhärte:** bis -11 °C.

Eine ausgesprochene Traumpflanze, die man gar nicht beschreiben kann. Man muss sie gesehen haben. Es ist eine agavenartige Pflanze, aber mit ganz schmalen dornigen Blättern, die wie ein erstarrter Springbrunnen wirken. Der große Vorteil ist, dass sie nicht stirbt, wenn sie blüht, sondern manchmal neue Stämme entwickelt. Sie wächst sehr langsam, ist aber in jedem Stadium ausgesprochen schön.

Für Deutschland absolut geeignet, vorausgesetzt, dass sie einen sonnigen und sehr trockenen Standort hat. Eine tropische Zierde für jeden Garten. Ein absolutes „Muss" für Liebhaber exotischer Pflanzen.

EUCALYPTUS

Zu empfehlen*: E. debeuzeville, E. gunni, E. niphophila*

Winterhärte: bis -12 °C.

Es gibt sehr viele Arten und Kreuzungen von Eukalypten. Diese blaugrünen Pflanzen mit den gelbgestielten Blättern sind zunächst artige, dekorative Sträucher, entwickeln sich aber innerhalb weniger Jahre zu riesigen Bäumen, weshalb sie in einer privaten Kollektion kaum Platz haben. Sie eignen sich eher als Zierde großer Parkanlagen und den Gärtnern seien sie dafür auch recht empfohlen. Ansonsten lieber Hände weg.

MIMOSENARTIGE

Winterhärte: bis -10 °C.

Was wir Europäer darunter verstehen, sind immergrüne Pflanzen mit gelben „Kügelen", die herrlich duften. Aber Achtung! Es gibt keine

Cycas revoluta

Männlicher Zapfen der taiwanischen *Cycas*

gelben Mimosen, sondern lediglich die *Mimosa pudica* mit rosa Blüten aus Brasilien, welche auf die geringste Berührung reagiert. Alles andere sind Akazien – aber nicht die unsrigen, die fälschlicherweise so genannt werden und in Wirklichkeit Robinien sind. Ich weiß, es ist kompliziert, aber es sollte mal gesagt werden. Die sogenannten duftenden „gelben Mimosen" sind australische Akazien, von denen einige Arten auch in Deutschland gedeihen dürften. Vor allem die *Acacia dealbata* aus Tasmanien, welche oben genannte Minuswerte verträgt. Aber ich warne Sie, sollte es Ihnen gelingen, so einen wohlduftenden Baum zu züchten, so wundern Sie sich nicht, wenn alle Leute sagen: „Mein Gott, haben Sie schöne Mimosen."

NOLINA TEXANA

Winterhärte: -10 °C.
Hübsche yuccaartige Pflanze, die aus den Wüsten der USA stammt und recht robust ist. Allerdings verlangt sie, vor allem im Winter, viel Sonne und einen trockenen Boden.

YUCCAS

Zu empfehlen, Winterhärte: *Yucca filamentosa*, -20 °C; *Yucca rostrata*, -12 °C; *Yucca gloriosa*, -14 °C.
Yuccas sind nicht nur schöne, sondern ausgesprochen dankbare Pflanzen, die jedem Garten eine tropische Anmut schenken. Außerdem blühen sie bis zu zweimal im Jahr mit großen maiglöckchenähnlichen Gebilden, ähnlich, den Agaven, aber ohne deren tödliche Folgen für die Pflanze.
Im Gegensatz zu den Agaven können sie auch verzweigte Stämme bilden und mit der Zeit eine beachtliche Höhe von mehreren Metern erreichen.
Darüber hinaus haben sie noch eine liebenswerte Eigenschaft. Sollte einmal ein Stamm abbrechen, so setzt man in einfach in die Erde, wo sich neue Wurzeln bilden (jedoch nur in der warmen Jahreszeit) und damit auch neue Pflanzen. Es kann fast nichts schief gehen. Zu beachten ist lediglich, dass sie einen trockenen und sonnigen Standort haben müssen, vergessen Sie nicht: Es handelt sich schließlich um Wüstenpflanzen.

So, und damit wäre alles Wesentliche über die Pflanzen gesagt, die jedem Garten in Deutschland ein südliches Aussehen geben können. Es ist eine große Auswahl. Lesen Sie alles noch ein paar Mal ruhig durch, bevor Sie sich für einige Pflanzen definitiv entscheiden.
Über die nördlichen Bäume und Sträucher brauche ich nicht im Detail zu berichten. Wenn Sie ein Gärtner sind oder dessen schöne Arbeit als Hobby betrachten, so haben Sie bestimmt schon genügend Erfahrung gesammelt. Jedenfalls wünsche ich Ihnen viel Glück und Erfolg für: „Die ganze Welt in (m)einem Garten!"

Schlusswort

Lassen Sie uns zurückgehen an die Balustrade des Felsenbades. Sie liegt auf einer rund 4 Meter hohen Stützmauer, welche die Aussicht noch weiter und grandioser macht.
Wenn ich mich über die Brüstung beuge, liegt direkt unterhalb von mir ein abfallender Hang mit einem absichtlich unordentlich geschaffenen Urwald, der zum größten Teil aus Eukalypten, Mimosen (Akazien), Kampferbäumen und natürlich Palmen besteht. Ein wundervoller Anblick, diese immergrüne Pracht.

Aber: Leider sieht es an vielen Orten unseres Planeten ganz anders aus. Die modernen Massenmedien haben die Tragödien unserer Zeit auch in unser Paradies gebracht. Dabei sind wir doch alle so voller Hoffnung in dieses neue Jahrtausend gegangen. Silvester 2000 war die Welt noch in Ordnung. Dann plötzlich der grauenhafte Massenmord vom 11. September 2001. Tausende von unschuldigen Menschen mussten sterben: Männer, Frauen, Kinder. Dann die Gegenreaktion: Flächenbombardements, ausgelöst durch Knopf drücken in modernen Flugmaschinen. Wieder mussten Tausende von unschuldigen Menschen sterben: Männer, Frauen, Kinder ...

Und jetzt: Die schrecklichen Tragödien in Israel und Palästina. Erneut mussten unzählige unschuldige Menschen sterben, Männer, Frauen, Kinder. Kinder!
Ich sehe diese kleinen Geschöpfe bildlich vor mir, sie haben noch nicht mal angefangen zu leben! Kleine Kinder!
Sie lachen nicht, sie weinen nicht, sie spielen nicht, sie singen nicht. Sie liegen einfach da. Tot. Ausgelöscht! Die kleinen Herzen schlagen nicht mehr und die Lippen sind stumm, einfach stumm!

Aber diese Stummheit ist ein einziger Wehschrei, von Milliarden gequälter Kreaturen! Ein Schrei, der so lange dauern wird, bis auch der letzte Mensch ihn gehört und verstanden hat, dass die Gleichgültigkeit ihn mitschuldig gemacht hat.

Noch ist es nicht so weit.

Noch dominiert das Leben, geboren aus einer Kraft, die uns Hoffnung schenkt. Geboren aus der Kraft der Liebe! Noch ist dieser Schrei ein Appell! Ein Appell an die Herzen der Menschen.

Gott sei Dank haben ihn schon viele verstanden.
Menschen aller Nationen, die mitten unter uns leben, die helfen. Einfach und bescheiden, denn ihre Stärke ist die Tat! Sie helfen beim Roten Kreuz, beim Rotem Halbmond, bei der Caritas, bei Ärzte ohne Grenzen und bei vielen anderen Hilfsorganisationen. Sie kämpfen auch, aber mit friedlichen Mitteln, bei Greenpeace, bei der UNO. Hunderte. Tausende. Und deren Zahl wächst täglich.
Lasst uns diesen Beispielen folgen, damit der Schrei der Gequälten immer leiser wird und endlich verstummt.
Hass oder Liebe? Tod oder Leben? Die Entscheidung liegt bei uns: Jetzt, an diesem Tag, zu dieser Stunde!

Liebe Leser,

ich hoffe, ich bin mit meiner Fantasie nicht zu weit gegangen. Jedoch, nachdem ich das große Glück habe, von der Schönheit des Lebens, von der Pracht der Natur umgeben zu sein, habe ich auch den Wunsch, Sie und alle anderen teilhaben zu lassen an diesem Glück in der Hoffnung, dass diese Lektüre Sie animieren möge, sich selbst ein Paradies zu schaffen, denn die Schönheit des Lebens ist überall, man muss sie nur sehen! Aus diesem Grund hielt ich es aber auch für meine Pflicht, Ihnen zu schildern, wie schnell es geschehen könnte, dass diese Erde vernichtet wird!
Und dann gäbe es nichts mehr – nichts. Denn im gesamten Weltall ist unsere Erde der einzige Planet, der Leben in sich birgt, Leben durch Liebe! Die Wissenschaft kennt keinen anderen! Und wenn sie doch einen entdecken würde? Dann wäre er endlos weit weg, unerreichbar für uns, Millionen von Lichtjahren entfernt oder Milliarden? Unerreichbar!

Mit der inständigen Hoffnung, dass es uns gelingen möge, diesen Planeten zu erhalten und alle Menschen friedlich daran teilhaben zu lassen, möchte ich diese Worte mit einem Spruch von Tagorès schließen:

Wir leben in dieser Welt, solange wir sie lieben.

Register

A

Acapulco im Tessin 49
Acapulco-Felsen **41**, 60
Acer palmatum **25**
Agave americana **15, 38**
Agaven **50, 59**, 136
Akazien 57
Almhütte **40**
Aloen 136
Arenga 121
Arenga engleri **120**, 121
Arizona **46, 59**, 59, **62**, 112
Arizona-Mexiko **112**
Australischer Baumfarn **28**
Azaleen **15, 29**, 32, **85, 86, 87**

B

Bambus **51**
Bambuswald **33**
Bananen **51**, 54, 137
Bananenblätter **53**
Baumfarne 137
Blaue Laguna **41, 49, 50, 60, 108**
Blue Palm **107**
Bougainvillea 96, **119**
Brahea 121
Brahea acuelata 121
Brahea armata **15, 107**, 121, **121**
Brahea brandegeei 122
Brahea dulcis **121**, 122
Brahea edulis 122
Brahea elegans **130**
Brahea nitida 122
Brissago-Inseln **79**
Butia 122
Butia archeri 122
Butia arenicola 122
Butia bonnettii 122
Butia capitata **25, 117**, 122, **122**
Butia eriospatha **119**
Butia in Belgien **123**
Butia paraguayensis 122
Butia sp. **94**
Butia yatay 123
Butia-Corner 108

C

Calamus 123
Canadian Hut **40**
Caesalpina japonica **113**
Ceroxylon 123
Ceroxylon andicola 123
Ceroxylon interuptum 123, **123**
Ceroxylon quindiuense 124
Ceroxylon utile 124
Ceroxylon vogelianum 124
Chamaedorea 124
Chamaedorea elegans 124
Chamaedorea ernesti augustii 124
Chamaedorea erumpens 124
Chamaedorea microspadix 56, 124, **124**,
Chamaedorea radicalis 56, 124
Chamaerops 125
Chamaerops humilis 54, 125, **125**
Chinesische Hanfpalmen 25
Chinesische Spiesstanne **75**
Cocos nucifera 116
Cordyline **35, 56**
Cordyline australis 138, **138**
Cornus 57
Cunninghamia **75**
Cycas **26, 139**
Cycas revoluta **15**, 138, **139**

D

Dasylirion **88**
Dasylirion acrotichus 138
Datscha **40**
Dattelpalme **21, 42, 71**
Dattelpalmenplatz **44, 105**
Dicksonia antarctica **28**

E

Echte österreichische Almhütte 40
Eucalyptus 57, 138
Europäische Zwergpalme 125

F

Feigenkaktus **59**
Felsenbad 49, **51**
Felsenschwimmbad **30**, 108
Ficus carica **15**
Fortpflanzung 117
Freilandpalmen in Deutschland 118

G

Gästetrakt **96, 100**
Gehölze 82
Geleepalme 122
Geschichte meines Paradieses 10 ff.
Glyzinien **91**
Goldener Märchenwald **83**
Großvater, Vater und Sohn in einer Rolle 43

H

Hanfpalme **20**, 135
Hardy palms 44
Honigpalme 125
Howea forsteriana **94, 118**

I

In New York 57
Italienischer Teil 19
Innenschwimmbad 28

J

Jubaea 125
Jubaea chilensis **94**, 125
Jubaea Square 102
Jubea spectabilis **124**, 125

K

Kamelien 32, 57, **91**
Kokospalme 116